D1691053

Anna-Sabina Franke

Anforderungen an Ratingagenturen zur Vermeidung von Interessenkonflikten:
unter besonderer Berücksichtigung der EU-Ratingverordnung

Bachelor + Master Publishing

Franke, Anna-Sabina: Anforderungen an Ratingagenturen zur Vermeidung von Interessenkonflikten: unter besonderer Berücksichtigung der EU-Ratingverordnung, Hamburg, Diplomica Verlag GmbH 2011
Originaltitel der Abschlussarbeit: Anforderungen an Ratingagenturen bezüglich der Vermeidung von Interessenkonflikten unter besonderer Berücksichtigung der Verordnung (EG) Nr. 1060/2009

ISBN: 978-3-86341-115-2
Druck: Bachelor + Master Publishing, ein Imprint der Diplomica® Verlag GmbH, Hamburg, 2011
Zugl. Hochschule Pforzheim, Pforzheim, Deutschland, Bachelorarbeit, 2011

Bibliografische Information der Deutschen Nationalbibliothek:
Die Deutsche Nationalbibliothek verzeichnet diese Publikation in der Deutschen Nationalbibliografie;
detaillierte bibliografische Daten sind im Internet über http://dnb.d-nb.de abrufbar.

Die digitale Ausgabe (eBook-Ausgabe) dieses Titels trägt die ISBN 978-3-86341-615-7 und kann über den Handel oder den Verlag bezogen werden.

Dieses Werk ist urheberrechtlich geschützt. Die dadurch begründeten Rechte, insbesondere die der Übersetzung, des Nachdrucks, des Vortrags, der Entnahme von Abbildungen und Tabellen, der Funksendung, der Mikroverfilmung oder der Vervielfältigung auf anderen Wegen und der Speicherung in Datenverarbeitungsanlagen, bleiben, auch bei nur auszugsweiser Verwertung, vorbehalten. Eine Vervielfältigung dieses Werkes oder von Teilen dieses Werkes ist auch im Einzelfall nur in den Grenzen der gesetzlichen Bestimmungen des Urheberrechtsgesetzes der Bundesrepublik Deutschland in der jeweils geltenden Fassung zulässig. Sie ist grundsätzlich vergütungspflichtig. Zuwiderhandlungen unterliegen den Strafbestimmungen des Urheberrechtes.

Die Wiedergabe von Gebrauchsnamen, Handelsnamen, Warenbezeichnungen usw. in diesem Werk berechtigt auch ohne besondere Kennzeichnung nicht zu der Annahme, dass solche Namen im Sinne der Warenzeichen- und Markenschutz-Gesetzgebung als frei zu betrachten wären und daher von jedermann benutzt werden dürften.

Die Informationen in diesem Werk wurden mit Sorgfalt erarbeitet. Dennoch können Fehler nicht vollständig ausgeschlossen werden, und die Diplomarbeiten Agentur, die Autoren oder Übersetzer übernehmen keine juristische Verantwortung oder irgendeine Haftung für evtl. verbliebene fehlerhafte Angaben und deren Folgen.

© Bachelor + Master Publishing, ein Imprint der Diplomica® Verlag GmbH
http://www.diplom.de, Hamburg 2011
Printed in Germany

Für Christian und meine Familie,

die mich jederzeit mit Rat und Tat unterstützt haben.

Inhaltsverzeichnis

Abkürzungsverzeichnis III

Tabellenverzeichnis IV

1 Einleitung 1

2 Ratings, Ratingagenturen und mögliche Interessenkonflikte 3
    2.1 Ratings 3
        2.1.1 Definition 3
        2.1.2 Verschiedene Ratingarten 5
        2.1.3 Ratingkriterien 6
        2.1.4 Ratingfunktionen 7
    2.2 Ratingagenturen 8
        2.2.1 Aufgaben 8
        2.2.2 Die wichtigsten drei Agenturen 9
    2.3 Denkbare Interessenkonflikte 11

3 Bestehende Regulierungsansätze für Ratingagenturen 14
    3.1 Gemeinschaftliche Regelungen 14
        3.1.1 US-amerikanische Regelungen 14
        3.1.2 Gemeinschaftsrecht 16
    3.2 Nationales Recht 18
        3.2.1 Wertpapierhandelsgesetz 18
        3.2.2 Solvabilitätsverordnung 19
        3.2.3 Ratingvertrag 20
    3.3 Selbstregulierung 21

4 Regelungen der Verordnung (EG) Nr. 1060/2009 25
    4.1 Entstehung und Hintergrund der RatingVO 25
    4.2 Umsetzung der RatingVO in Deutschland 29
    4.3 Anwendungsbereich der RatingVO 30
    4.4 Anforderungen der RatingVO an Ratingagenturen zur Vermeidung von Interessenkonflikten 32
        4.4.1 Organisatorische Anforderungen 34

		4.4.2	Operationelle Anforderungen	36

        4.4.2   Operationelle Anforderungen 36

        4.4.3   Anforderungen an Mitarbeiter und die am Ratingprozess beteiligten Personen 39

    4.5   Unterschiede zwischen großen und kleinen Agenturen 42

5 Fazit und Ausblick **44**

Quellenverzeichnis **48**

Abkürzungsverzeichnis

Abs.	Absatz
Art.	Artikel
BaFin	Bundesanstalt für Finanzdienstleistung
BB	Betriebsberater (Zeitschrift)
BGB	Bürgerliches Gesetzbuch
BIS	Bank for International Settlements
bzw.	beziehungsweise
CEBS	The Committee of European Banking Supervisors
CESR	The Committee of European Securities Regulators
Co.	Company
ECAI	External Credit Assessment Institution
ECOFIN	Rat der Wirtschafts- und Finanzminister
EG	Europäische Gemeinschaft
ESMA	European Supervisory Authority (Securities and Markets)
ESME	European Securities Markets Expert Group
ESFS	European System of Financial Supervision
EU	Europäische Union
FAQ	Frequently Asked Questions
FinDAG	Finanzdienstleistungsaufsichtsgesetz
f.	und folgende
ff.	und fortfolgende
FSF	Financial Stability Forum
FTD	Financial Times Deutschland (Zeitung)
Hrsg.	Herausgeber
Inc.	Incorporated (Rechtsform einer Gesellschaft)
IOSCO	International Organization of Securities Commissions
Moody's	Moody's Investors Service
Nr.	Nummer
NRSRO	Nationally Recognized Statistical Rating Organization
NZG	Neue Zeitschrift für Gesellschaftsrecht (Zeitschrift)
OECD	Organisation for Economic Co-operation and Development

RatingVO	Verordnung (EG) Nr. 1060/2009
RIW	Recht der Internationalen Wirtschaft (Zeitschrift)
S.	Seite
S & P	Standard & Poor's
SEC	US Securities and Exchange Commission
SolvVO	Solvabilitätsverordnung
Tab.	Tabelle
u.a.	und andere
US	United States (of America)
USA	United States of America
Var.	Variante
vgl.	vergleiche
VO	Verordnung
WM	Wertpapiermitteilungen (Zeitschrift)
WpHG	Wertpapierhandelsgesetz
z.B.	zum Beispiel
zfbf	Schmalenbachs Zeitschrift für betriebswirtschaftliche Forschung (Zeitschrift)
ZGR	Zeitschrift für Unternehmens- und Gesellschaftsrecht (Zeitschrift)
Ziff.	Ziffer

Tabellenverzeichnis

Tabelle 1 Ratingsymbole und deren Bedeutung 4

Tabelle 2 Risikogewichtung für Eigenkapitalhinterlegung 20

1 Einleitung

„Das Schlimmste ist überstanden."[1]
Richard Fuld

Diese Beurteilung der Finanzlage gab im April 2008 der ehemalige Vorstandschef der US-Investmentbank Lehman Brothers, Richard Fuld, ab. Nur 5 Monate später war die Bank mit 158-jähriger Tradition insolvent. Die Ausmaße der Wirtschafts- und Finanzkrise, die sich 2007 abzeichnete, konnte zum damaligen Zeitpunkt kaum ein Beteiligter richtig abschätzen. Heute ist klar, dass Fulds Aussage eine drastische Fehleinschätzung war. Begonnen im Jahr 2006 als Immobilienkrise in den USA, hat die Krise seit Mitte 2008 auch die Realwirtschaft der gesamten Welt erreicht. Kreditausfälle bei Banken und der Wirtschaft in Milliardenhöhe sowie Vertrauenseinbußen und daraus resultierende Liquiditätsengpässe auf dem Interbankenmarkt[2] führten zu starker Kritik am bestehenden Finanzsystem. Immer häufiger wurden in dieser Zeit Rufe nach einer Reform laut, um Banken, Versicherungsinstitute und Ratingagenturen stärker kontrollieren zu können.[3] Letzteren wird durch die mangelhafte Bewertung von Anlageformen eine große Mitverantwortung an der Finanzmarktkrise zugeschrieben, da deren Ratings als Entscheidungsgrundlage von Unternehmen und Investoren dienten.[4] Der Einfluss der Ratingagenturen auf den Finanzmarkt wurde durch die Krise deutlich sichtbar. Umso erstaunlicher erscheint es, dass die Kontrolle über die Agenturen sowie die Konsequenzen bei einem Fehlverhalten nicht ausreichend geregelt waren.[5] Durch die Verordnung (EG) Nr. 1060/2009, im Folgenden RatingVO genannt, die vom Europäischen Parlament und Rat am 16. September 2009 erlassen wurde, sollen diese Akteure am Markt in Zukunft besser überwacht werden können.[6]

Ziel dieser Arbeit ist es, den Hintergrund der RatingVO in Bezug auf die Vermeidung von Interessenkonflikten zu beleuchten sowie die Lösungsansätze der Verordnung aufzuzeigen, zu analysieren und zu hinterfragen. Es gilt herauszufinden, ob die Verordnung die gewünschten Resultate widerspiegelt und erreicht sowie geeignet ist, künftige Krisen zu

---
[1] *Fuld*, Diese Banker unterschätzten die Finanzkrise.
[2] Der Begriff bezeichnet den Handel der Kreditinstitute untereinander, ausgenommen der Zentralbank.
[3] Vgl. *Balzli / Hornig*, Die Krisen-Verschärfer, Der Spiegel 19/2009, S.64, 65.
[4] So *Sanio*, in: Balzli / Hornig, Die Krisen-Verschärfer, Der Spiegel 19/2009, S.64, 65.
[5] Vgl. *Sanio*, Giftmüll im internationalen Finanzsystem, Zeitschrift für das gesamte Kreditwesen 1/2008, S.16, 16.
[6] Vgl. *von Baltzer*, Rating-Agenturen an die Kandare, Versicherungswirtschaft 24/2009, S.1907, 1907.

vermeiden.

Für einen adäquaten Einstieg in die komplexe Fragestellung, werden in Kapitel 2 die Grundlagen eines Ratings, der Ratingagenturen und mögliche auftretende Interessenkonflikte erörtert.

Die bisher bestehenden Regulierungsansätze für Ratingagenturen werden in Kapitel 3 vorgestellt. Hierbei wird sowohl auf internationale als auch auf nationale Regelungen eingegangen.

Der Schwerpunkt der Arbeit wird auf Kapitel 4 liegen, in dem es um die Entstehung, den Inhalt und die Neuregelungen in der RatingVO geht. In diesem Zusammenhang wird auch auf die in der Verordnung festgeschriebenen Anforderungen an Ratingagenturen zur Vermeidung von Interessenkonflikten eingegangen. Entgegen dem Ausdruck „Anforderungen an Ratingagenturen" wird hier nicht ausschließlich auf die Anforderungen an die Agenturen selbst, sondern auch auf die Anforderungen an Mitarbeiter eingegangen.

Mit einem zusammenfassenden Ausblick wird diese Arbeit abgerundet.

Um den Rahmen der Arbeit nicht zu sprengen, wird auf die Entstehung, die Ursachen und die Folgen der Wirtschafts- und Finanzkrise an sich nicht tiefer eingegangen. Diese Themen werden nur in den Bereichen angesprochen, die für die RatingVO von Relevanz sind. Weiterhin wird bei Ausführungen über Ratingagenturen der Fokus auf die drei größten Agenturen, namentlich Standard & Poor's, im Folgenden S & P genannt, Moody's Investors Service, im Folgenden Moody's genannt, und Fitch Ratings gelegt. Die Einschränkung rührt daher, dass diese drei Agenturen 95% des Marktanteils innehaben, so dass die restlichen 5% unberücksichtigt bleiben können.[7]

---

[7] Vgl. *Palan*, Wir haben uns verschätzt, Manager Magazin, 3/2008, S.52, 54; *Dönch / Körer / Borst*, Wie die untoten Vampire, Focus 27/2010, S.100, 103.

2 Ratings, Ratingagenturen und mögliche Interessenkonflikte

2.1 Ratings

2.1.1 Definition

Der Begriff Rating bezeichnet nach Art. 3 Abs. 1 Ziff. a RatingVO „ein Bonitätsurteil in Bezug auf ein Unternehmen, einen Schuldtitel oder eine finanzielle Verbindlichkeit, eine Schuldverschreibung, eine Vorzugsaktie oder ein anderes Finanzinstrument oder den Emittenten derartiger Schuldtitel, finanzieller Verbindlichkeiten, Schuldverschreibungen, Vorzugsaktien oder anderer Finanzinstrumente, das anhand eines festgelegten und definierten Einstufungsverfahrens für Ratingkategorien abgegeben wird".[8]

Da Kreditinstitute nur über ein beschränktes Volumen an Krediten verfügen, wird das Unternehmen einen solchen zugewiesen bekommen, dessen Kreditwürdigkeit und Bonität am günstigsten eingeschätzt wird.[9] Diese Einschätzung erfolgt über sogenannte Ratings. Dabei hat der Begriff zwei Bedeutungen.

Zum einen sind Ratings Bewertungen unter Zuhilfenahme eines Verfahrens, die Auskunft darüber geben sollen, wie hoch die Fähigkeit eines Kreditnehmers ist, eingegangenen Zahlungsverpflichtungen in Zukunft vollständig und rechtzeitig nachzukommen.[10] Kreditnehmer können in diesem Rahmen Personen natürlicher und juristischer Art sein, jedoch sind Ratings auch auf Gegenstände und Situationen anwendbar.[11] Ein Rating ist also ein Verfahren, das aufzeigt, wie gut der Kapitalgeber gegen einen möglichen Ausfall geschützt ist.

Zum anderen handelt es sich bei einem Rating auch um das gefundene Ergebnis des Verfahrens, welches in einem Symbol ausgedrückt wird. Um diese Ergebnisse vergleichbar zu machen, wurden Ratingsymbole entwickelt, die aus einem oder mehreren Kurzzeichen

---

[8] Art. 3 Abs. 1 Ziff. a RatingVO.
[9] Vgl. *Füser / Gleißner*, Rating-Lexikon, 2005, S.4.
[10] Vgl. *Füser / Gleißner*, Rating-Lexikon, 2005, S.6; *Reichling / Bietke / Henne*, Praxishandbuch Risikomanagement und Rating, 2007, S.46.
[11] Vgl. *Oellinger*, Die Haftung für Ratings, 2005, S.55-56.

bestehen.[12] Aus diesen Zeichen lässt sich die jeweilige Risikokategorie des Kreditnehmers ablesen. Die Skala reicht bei S & P und Fitch Ratings von AAA, also höchster Qualität, bis hin zu D, was für eingetretene Zahlungsunfähigkeit steht bzw. bei Moody's von Aaa bis hin zu C.[13] Damit sich der Investor schneller für oder gegen eine Investition entscheiden kann, ist die Skala in zwei Bereiche untergliedert. Die Kategorien AAA / Aaa bis BBB- / Baa3 stellen den Anlagebereich dar, die übrigen Kategorien den Spekulationsbereich.[14] Dieses System und die jeweilige Bedeutung des Symbols ist in Tabelle 1 grafisch dargestellt.

Ratings			Interpretation	
S & P	Fitch Ratings	Moody's		
AAA	AAA	Aaa	Anlagebereich (investment grade)	Sehr gut: Höchste Bonität; nahezu kein Ausfallrisiko
AA+, AA, AA-	AA+, AA, AA-	Aa1, Aa2, Aa3		Sehr gut bis gut: Hohe Zahlungswahrscheinlichkeit; geringes Ausfallrisiko
A+, A, A-	A+, A, A-	A1, A2, A3		Gut bis befriedigend: Angemessene Deckung von Zins und Tilgung; Risikoelemente vorhanden, die sich bei Veränderungen des wirtschaftlichen Umfelds negativ auswirken
BBB+, BBB, BBB-	BBB+, BBB, BBB-	Baa1, Baa2, Baa3		Befriedigend: Angemessene Deckung von Zins und Tilgung; spekulative Elemente oder mangelnder Schutz gegen Veränderungen des wirtschaftlichen Umfelds vorhanden
BB+, BB, BB-	BB+, BB, BB-	Ba1, Ba2, Ba3	Spekulationsbereich (speculative grade)	Ausreichend: Mäßige Deckung von Zins und Tilgung (auch in einem guten wirtschaftlichen Umfeld)
B+, B, B-	B+, B, B-	B1, B2, B3		Mangelhaft: Geringe Deckung von Zins und Tilgung
CCC+, CCC, CCC-, CC, C	CCC+, CCC, CCC-, CC, C	Caa1, Caa2, Caa3, Ca		Ungenügend: Niedrigste Qualität; akute Gefahr des Zahlungsverzugs
SD, D	DDD, DD, D	C		Zahlungsunfähig: In Zahlungsverzug

Tab. 1: Ratingsymbole und deren Bedeutung
Quelle: eigene Darstellung nach *Reichling / Bietke / Henne*, Praxishandbuch Risikomanagement und Rating, S.68.

Allerdings können durch ein Rating, im Gegensatz zum Ranking, keine Unterschiede festgestellt werden, wenn sich die beurteilten Objekte in der gleichen Kategorie befinden, was die Vergleichbarkeit wieder etwas einschränkt.[15] Wichtig ist ferner, dass die Agenturen

---

[12] Vgl. *Füser / Gleißner*, Rating-Lexikon, 2005, S.388-389.
[13] Vgl. *Reichling / Bietke / Henne*, Praxishandbuch Risikomanagement und Rating, Abbildung S.68.
[14] Vgl. *Reichling / Bietke / Henne*, Praxishandbuch Risikomanagement und Rating, S.67.
[15] Vgl. *Wagner*, Rating mittelständischer Unternehmungen, 1991, S.5-6.

selbst ihre Ratings lediglich als Meinungsäußerung sehen, keinesfalls als Empfehlung, Finanzprodukte zu kaufen, zu verkaufen oder zu halten.[16]

2.1.2 Verschiedene Ratingarten

Ratings können in verschiedene Arten unterteilt werden. So differenziert die Praxis zwischen externen und internen, aufgeforderten und unaufgeforderten, kurz- und langfristigen Ratings sowie zwischen Emissions- und Emittentenratings.

Bei der Unterscheidung zwischen externem und internem Rating kommt es auf die Institution an, die das Rating vornimmt. Bei ersterem wird das Rating von einem privaten Dienstleistungsunternehmen, der Ratingagentur, durchgeführt, bei letzterem durch den Kreditgeber selbst.[17] Häufig werden die Ergebnisse des internen Ratings dem Kreditnehmer nicht kommuniziert, während externe Ratings größtenteils veröffentlicht werden.[18]

Weiterhin wird zwischen aufgefordertem und unaufgefordertem Rating unterschieden, wobei es für die Differenzierung auf den Auftraggeber des Ratings ankommt. Das aufgeforderte Rating (auch „solicited rating") wird von dem zu bewertenden Schuldner selbst beauftragt, wohingegen dieser beim unaufgeforderten Rating (auch „unsolicited rating") nicht in den Prozess eingebunden wird. Die Informationen des unaufgeforderten Ratings stammen daher aus öffentlich zugänglichen Quellen des Unternehmens, wie dem Jahresabschluss oder Handelsregisterauszügen.[19]

Für die Unterscheidung zwischen kurz- und langfristigem Rating ist der betrachtete Zeithorizont maßgeblich. Bei dem kurzfristigen Rating (auch „short-term ratings") umfasst der Prognosezeitraum bis zu ein Jahr, bei einem langfristigen Rating (auch „long-term ratings") mindestens ein bis hin zu vier Jahre.[20]

---

[16] Vgl. *S & P*, Code of Conduct, 2008, S.4; *Moody's*, Code of Professional Conduct, 2008, S.6; *Fitch Ratings*, Code of Conduct, 2010, Punkt 4.6, S.18.

[17] Vgl. *Deipenbrock*, Externes Rating, BB 2003, S.1849, 1849.

[18] Vgl. *Norden / Weber*, Möglichkeiten und Grenzen der Bewertung von Ratingsystemen durch Markt und Staat, in Neupel / Rudolph / Hahnenstein (Hrsg.), zfbf Sonderheft 52, 2005, S.31, 35; *Deipenbrock*, Externes Rating, BB 2003, S.1849, 1849.

[19] Für den ganzen Absatz vgl. *Seidel* (Hrsg.), Rating nach Basel II, 2003, S.18; *Reichling / Bietke / Henne*, Praxishandbuch Risikomanagement und Rating, 2007, S.45.

[20] Vgl. *Reichling / Bietke / Henne*, Praxishandbuch Risikomanagement und Rating, 2007, S.45.

Der Gegenstand der Analyse spielt bei der Unterscheidung von Emissions- und Emittentenratings eine Rolle. Zielt ein Rating auf die Kreditwürdigkeit genau definierter Emissionen[21] bzw. Finanztitel eines Unternehmens ab, spricht man von einem Emissionsrating (auch „issue rating"). Im Gegenzug dazu ist ein Emittentenrating[22] (auch „issuer rating") nicht die Bewertung eines konkreten Finanzprodukts, sondern eine Bewertung des Unternehmens selbst. Von entscheidender Bedeutung ist hierbei die finanzielle Kraft, monetäre Verpflichtungen bei Fälligkeit zurückzahlen zu können und auch die Bereitschaft, dies zu tun.[23]

2.1.3 Ratingkriterien

Für die Festlegung eines umfassenden Ratings spielen verschiedene Risikofaktoren eine Rolle. Dabei kommt es nicht nur auf solche Eigenschaften an, auf die das Unternehmen direkten Einfluss hat, sondern es fließen auch exogene Faktoren fließen mit ein. Je nach Ratingobjekt und Philosophie der jeweiligen Agenturen unterscheiden sich die zu untersuchenden Ebenen, sie sind also nicht fix.[24] Insgesamt kann man jedoch sagen, dass sich ein Rating aus vier typischen Ebenen zusammensetzt, nämlich landestypischen, branchentypischen, unternehmenstypischen sowie emissionsspezifischen Kriterien.

Ein wichtiger Aspekt bei der Bestimmung eines Ratings ist die Analyse der landestypischen Kriterien. Unter diesen Punkt fallen sowohl soziale bzw. gesellschaftliche, wirtschaftliche als auch politische Gegebenheiten. Ebenfalls wird die geschichtliche Entwicklung des Landes und der Gesellschaft mit einkalkuliert.[25] Die rechtlichen Rahmenbedingungen variieren von Land zu Land stark, so dass auch dieser Punkt berücksichtigt werden muss. Am Ende der Analyse steht meist ein sogenanntes Länderrating (auch „sovereign rating"), welches die wichtigsten Gesichtspunkte umfasst und bewertet.[26]

Als weiterer Schritt in der Ratingfestlegung folgt die Analyse der branchentypischen Kriterien. Dabei wird das zu bewertende Unternehmen in Vergleich zu anderen Unternehmen

---

[21] Der Begriff bezeichnet allgemein die Abgabe bestimmter Produkte an die Umwelt.
[22] Der Begriff Emittent bezeichnet den Initiator einer Emission.
[23] Für den ganzen Absatz vgl. *Seidel* (Hrsg.), Rating nach Basel II, 2003, S.18; *Reichling / Bietke / Henne*, Praxishandbuch Risikomanagement und Rating, 2007, S.45.
[24] Vgl. *Claussen*, in: Achleitner / Everling (Hrsg.), Handbuch Ratingpraxis, 2004, S.299, 302.
[25] Vgl. *Moody's*, Das revidierte Länder-Obergrenzen-Konzept, 2002, S.3.
[26] Für den ganzen Absatz vgl. *Fitch Ratings*, Corporate Rating Methodology, 2010, S.2; *Keiner*, Rating für den Mittelstand, 2001, S.123.

derselben Branche gestellt, um so seine Markt- und Wettbewerbsposition zu bestimmen. Hierzu werden Aussagen über den Markt an sich, die Konjunktur und das Wachstum getroffen. Auch ein anstehender technologischer Wandel und Marktzugangsbeschränkungen dürfen nicht außer Acht gelassen werden.[27]

Den Fokus einer jeden Gesamtanalyse bildet die Untersuchung der unternehmenstypischen Kriterien. Hier wird zwischen der quantitativen und der qualitativen Unternehmensanalyse unterschieden. Solche Informationen, die in Zahlen ausgedrückt werden können, sind Teil der quantitativen Analyse. Informationsquellen hierfür sind z.B. Jahresabschlüsse oder Geschäftsberichte. Die sogenannten soft facts, also z.B. das Markt- oder Managementpotenzial, aber auch Mitarbeiterqualifikation, -zufriedenheit und -motivation[28], werden in der qualitativen Analyse verwertet.[29]

Nicht zuletzt spielen auch emissionsspezifische Kriterien bei der Analyse eine Rolle. Hier wird das Risiko des konkret zu bewertenden Finanzprodukts beleuchtet. Informationen wie bestehende Garantien, Bürgschaften, Versicherungen und Kündigungsrechte sollen zeigen, ob der Emittent im Zweifel in der Lage ist, seine Verbindlichkeiten pünktlich und vollständig zu erfüllen.[30]

2.1.4 Ratingfunktionen

Ursprünglich nur als Ausgleich für Informationsasymmetrien[31] gedacht, wurden die Einsatzmöglichkeiten von Ratings mit der Zeit immer vielfältiger. So werden diese heute beispielsweise von den Emittenten häufig als Werbemittel genutzt, um ihre Kreditwürdigkeit gegenüber den Investoren, aber auch den Lieferanten zu unterstreichen. Die Hauptaufgabe von Ratings besteht jedoch immer noch darin als zuverlässige Informationsquellen zu dienen. Insbesondere der Emittent selbst sowie die Investoren komplettieren ihren ersten Eindruck häufig mit diesen Informationen.

---

[27] Vgl. *Fitch Ratings*, Corporate Rating Methodology, 2010, S.2; *Keiner*, Rating für den Mittelstand, 2001, S.123.
[28] Vgl. *Seidel* (Hrsg.), Rating nach Basel II, 2003, S.184-185.
[29] Für den ganzen Absatz vgl. *Fitch Ratings*, Corporate Rating Methodology, 2010, S.1; *Keiner*, Rating für den Mittelstand, 2001, S.124-126.
[30] Vgl. *Everling*, Credit Rating durch internationale Agenturen, 1991, S.152; *Fitch Ratings*, Corporate Rating Methodology, 2010, S.1.
[31] Der Begriff bezeichnet den Zustand, in dem eine Partei über mehr Informationen verfügt als die andere Partei.

Der Emittent erhält fundierte Aussagen darüber, wo sich das Unternehmen finanziell und erfolgsmäßig am Markt bewegt. Insbesondere in Hinblick auf Kapitalbeschaffungskosten ist das Rating von immenser Bedeutung. Je besser das Rating des Unternehmens ausfällt, desto geringer ist der Risikoaufschlag, der auf das zu beschaffende Kapital entfällt. Auch mögliche Schwachstellen werden so aufgedeckt und können behoben werden. Nicht zuletzt kann ein Rating auch dazu dienen, Mitarbeiter zu motivieren, eine möglichst gute Bewertung zu erzielen.

Potenzielle Investoren nutzen das Rating als Entscheidungsgrundlage und Informationsquelle, da in einem Rating alle wichtigen Informationen zusammengefasst sind, so für sie dass selbst kein großer Rechercheaufwand entsteht. Da auch interne Informationen für die Bewertung verwendet werden, hat der Investor sogar eine breitere Entscheidungsbasis als nach einer Eigenrecherche. Die Agenturen versprechen unabhängige Bewertungen, welche die Unternehmen direkt nicht liefern wollen oder können.

Durch die hohe Frequentierung und Akzeptanz der Informationsquelle Rating ist diese mehr denn je als Machtpotenzial anzusehen. Viele Investmententscheidungen hängen geradezu von einem bestehenden Rating ab. Sollte ein solches nicht vorliegen, wird die Investition garnicht oder aufgrund eines Risikoaufschlags nur zu wesentlich schlechteren Bedingungen durchgeführt.[32]

2.2 Ratingagenturen

2.2.1 Aufgaben

Die RatingVO definiert in Art. 3 Abs. 1 Ziff. b eine Ratingagentur als „eine Rechtspersönlichkeit, deren Tätigkeit die gewerbsmäßige Abgabe von Ratings umfasst".[33] Sie ist also das private Dienstleistungsunternehmen, welches, beauftragt oder nicht, ein Rating für ein anderes Unternehmen erstellt. Anders ausgedrückt ist sie der „Mittler zwischen Kreditnehmern und Einlegern".[34]

---

[32] Für den gesamten Abschnitt vgl. *Blaurock*, Verantwortlichkeit von Ratingagenturen, ZGR 36/2007, S.603, 608-609; *Hartmann-Wendels / Lieberoth-Leden / Mählmann / Zunder*, Entwicklung eines Ratingsystems für mittelständische Unternehmen und dessen Einsatz in der Praxis, in Neupel / Rudolph / Hahnenstein (Hrsg.), zfbf Sonderheft 52, 2005, S.1, 3-5.
[33] Art. 3 Abs. 1 Ziff. b RatingVO.
[34] *Reichling / Bietke / Henne*, Praxishandbuch Risikomanagement und Rating, 2007, S.15.

Vereinfacht gesagt, besteht die Aufgabe der Agentur darin, Informationen und Daten zusammenzutragen, aus diesen neue Informationen zu generieren und die gefundenen Ergebnisse darzustellen und zu verbreiten.[35] Zur Generierung neuer Informationen werden die zusammengetragenen Daten anhand festgelegter Ratingkriterien geprüft und bewertet. Die Ergebnisse der jeweilgen Bewertung werden dann gewichtet und verknüpft, bis sich schließlich das Rating selbst, also die Einschätzung der Bonität, ergibt. Im Anschluss wird das Rating der Öffentlichkeit zugänglich gemacht.[36]

All diese Abläufe müssen selbstverständlich unter Einhaltung der geltenden rechtlichen Bestimmungen vorgenommen werden was aber gerade nach der Finanz- und Wirtschaftskrise als gesonderte Aufgabe erscheinen mag.

2.2.2 Die wichtigsten drei Agenturen

Wie eingangs erwähnt, wird der Ratingmarkt weltweit von drei Agenturen dominiert. Es sind S & P, Moody's und Fitch Ratings.[37] Sie werden heute in der Literatur als die privaten Wächter der Kreditmärkte[38] und als mächtigste Akteure an den Finanzmärkten[39] bezeichnet.

Standard & Poor's

1941 ging Standard & Poor's aus der Fusion von Standard Statistics Inc. und Poor's Publishing Co. in den USA hervor. Deren Anfänge gehen zurück bis ins Jahr 1860. Am Anfang stand die Bewertung der Kreditwürdigkeit von Eisenbahngesellschaften und öffentlicher Anleihen, schnell kamen jedoch immer neue Betätigungsfelder hinzu. So gab das Unternehmen bereits 1926 erste Ratings ab. S & P ist seit der Übernahme 1966 eine Tochtergesellschaft der McGraw-Hill Companies Inc. 1984 wurde die erste europäische Niederlassung in London eröffnet, um auch diesen Markt bedienen zu können. Seitdem wuchs S & P kontinuierlich weiter und ist heute mit über 8.500 Mitarbeitern in 23 Ländern der Welt präsent. Die Agentur mit Sitz in New York informiert den Finanzmarkt

---
[35] Vgl. *Holz*, Was sind Ratings wert?, Versicherungswirtschaft 21/1998, S.1493, 1493.
[36] Für den ganzen Absatz vgl. *Dimitrakopoulos / Spahr*, in: Achleitner / Everling (Hrsg.), Handbuch Ratingpraxis, 2004, S.211, 213-220.
[37] Vgl. *Palan*, Wir haben uns verschätzt, Manager Magazin, 3/2008, S.52, 54.
[38] *von Schweinitz*, Die Haftung von Ratingagenturen, WM 21/2008, S.953, 953.
[39] *Krimphove / Kruse*, Regulierung und Haftung von Ratingagenturen, Kreditwesen 2005, S.413, 413.

darüber hinaus mit mehreren eigenen Aktienindizes.[40]

Weltweit beträgt der Marktanteil von S & P rund 40%[41]. Insbesondere bei Versicherern ist sogar von einer Art Monopolstellung die Rede.[42]

Moody's Investors Service

John Moody gründete 1909 in den USA die weltweit erste Agentur, die Informationen für Investoren suchte und bewertete. Die erste Ratingagentur war geboren. Die Wurzeln der Firma liegen in der 1900 gegründeten John Moody & Company, die anfangs noch als Verleger des Werkes „Moody's Manual of Industrial and Miscellaneous Securities" tätig war. In dem Handbuch waren Informationen zu verschiedenen Anleihen, Aktien und Rentenpapieren gesammelt. Nach Gründung der Agentur bewertete Moody's wie auch S & P zunächst Eisenbahngesellschaften mit Ratingsymbolen. Die Ergebnisse wurden in der „Moody's Analyses of Railroad Investments" zusammengefasst und der Öffentlichkeit zugänglich gemacht. 1914 firmierte John Moody & Company in das heute noch bestehende Unternehmen Moody's Investors Service um. Nach und nach ergaben sich immer weitere Tätigkeitsbereiche. 1970 fand, beginnend bei Moody's, ein Umdenken in Bezug auf Ratings statt. Anfangs noch von potenziellen Investoren finanziert, waren es nunmehr die zu bewertenden Unternehmen, welche die Ratings zahlten. Durch ständiges Wachstum ist Moody's heute mit 4.300 Mitarbeitern in 26 Ländern vertreten.[43]

Insgesamt deckt Moody's rund 39% des Ratingmarktes ab.[44]

Fitch Ratings

Die Agentur Fitch Ratings komplettiert als einzige Nicht-US-Agentur die Riege der „Big Three", wie die drei großen Ratingagenturen auch genannt werden. Sie ging aus den Zusammenschlüssen von Fitch Investors Service, IBCA, Duff & Phelps Credit Ratings Co. und Thomson Bankwatch in den Jahren 1997 und 2000 hervor. Die Ursprünge wurden jedoch schon im Jahre 1913 mit der Gründung von Fitch Publishing Company in New York gelegt. Fitch Ratings benutzte als erste Agentur bereits 1922 das bekannte Ratingsymbol AAA.[45] Damals war sie allerdings noch mit der Erstellung und Veröffentlichung

---

[40] Für den ganzen Absatz vgl. *S & P*, A History of Standard & Poor's.
[41] Vgl. *Palan*, Wir haben uns verschätzt, Manager Magazin, 3/2008, S.52, 54.
[42] Vgl. *Wiebe / Cünnen*, Die graue Macht der Punktrichter, Handelsblatt 161/2003, S.8, 8.
[43] Für den ganzen Absatz vgl. *Moody's*, About the Company; *Moody's*, Moody's History.
[44] Vgl. *Palan*, Wir haben uns verschätzt, Manager Magazin, 3/2008, S.52, 54.
[45] Vgl. *Dimitrakopoulos / Spahr*, in: Achleitner / Everling (Hrsg.), Handbuch Ratingpraxis, 2004, S.211, 219.

von Finanzstatistiken betraut. Wie S & P ist auch Fitch Ratings jedoch kein eigenständiges Unternehmen. Vielmehr ist Fitch Ratings ein Teil des Konzerns der Fimalac-Holding. Die Agentur hat zwei Firmensitze - einen in New York und einen in London. Sie gilt als die europäische Ratingagentur. Mittlerweile besteht die Agentur aus 2.100 Mitarbeitern an 50 Standorten weltweit.[46]

Der Marktanteil von Fitch Ratings ist mit 16% im Vergleich zu S & P und Moody's relativ gering, rundet das Bild jedoch ab.[47]

2.3 Denkbare Interessenkonflikte

In den Erwägungsgründen zur RatingVO wird mehrmals darauf eingegangen, dass nach der Finanz- und Wirtschaftskrise Maßnahmen zur Vermeidung von Interessenkonflikten getroffen werden müssen.[48] Zu klären ist nun, welche konkreten Interessenkonflikte in einer Ratingagentur auftreten könnten.

Ein Hauptproblem stellt sicherlich die Finanzierung der beauftragten Ratings durch das zu bewertende Unternehmen selbst dar. Jedem Unternehmen ist daran gelegen, die bestehenden Geschäftsbeziehung zu erhalten oder zu vertiefen. Daher besteht das Risiko, dass die Agentur besser bewertet als tatsächlich angemessen wäre, um den Auftraggeber auch künftig bewerten zu dürfen. Auch für die Aquise neuer Kunden bietet sich zuerst ein besseres Rating an.[49]

Ein weiteres Problem ist, dass die großen Agenturen sowohl Ratings, aber auch Nebengeschäfte wie beispielsweise Unternehmensberatung anbieten. Fallen diese nur unzureichend aus, müssten eigentlich Veränderungen im Rating sichtbar werden. Eine solche Ratingumstufung wird in der Praxis jedoch nur selten geschehen, da sich die Agentur so selbst Fehler attestieren würde.[50]

---

[46] Für den ganzen Absatz vgl. *Fitch Ratings*, The History of Fitch Ratings; *Fitch Ratings*, Corporate Brochure, S.2 ff.

[47] Vgl. *Palan*, Wir haben uns verschätzt, Manager Magazin, 3/2008, S.52, 54.

[48] So z.B. in Erwägungsgrund 10 RatingVO, in dem den Ratingagenturen eine Mitschuld an der Krise gegeben wird. Diese hätte durch die Vermeidung von Interessenkonflikten verhindert werden können. Auch in den Gründen 16, 22, 26, 27 und 30 RatingVO wird die Dringlichkeit einer Neuregelung in diesem Bereich deutlich.

[49] Vgl. *Horsch*, Rating und Regulierung, 2008, S.380; *Balzli / Hornig*, Die Krisen-Verschärfer, Der Spiegel 19/2009, S.64, 65; *Dönch / Körner / Borst*, Wie die untoten Vampire, Focus 27/2010, S.100, 102; *CESR*, technical advice, S.17-19.

[50] Vgl. *Wieben*, Credit Rating und Risikomanagement, 2004, S.27; *CESR*, technical advice, S.15-17.

Unbeauftragte Ratings können dann einen zu einem Problem werden, wenn der Agentur nicht ausreichend Informationen vorlagen, um ein angemessenes Rating zu generieren. Das Resultat könnte der Realität widersprechen, da wichtige interne Informationen über das Unternehmen fehlten. Dadurch könnte Druck auf das Unternehmen ausgeübt werden, ein Rating zu beauftragen.[51]

Oftmals entscheidet das Rating darüber, ob eine Investition vollzogen werden soll oder nicht. Wenn es sich bei der Investition um die Gründung eines neuen Unternehmens handelt, könnten die Agenturen ein Interesse daran haben, ein möglichst gutes Rating abzugeben, damit die Investition getätigt wird und so die Quelle der zu bewertenden Unternehmen nicht versiegt.[52]

Problematisch könnte auch die Tatsache sein, dass manche Unternehmen schon jahrelang vom gleichen Bewertungsteam geratet werden. Allein die Sympathie oder Antipathie für die andere Partei kann hier zu Ratingverzerrungen führen.[53]

Aktuell kristallisiert sich immer mehr ein Konflikt zwischen den Interessen der Ratingagenturen und den Anlegern heraus. Die Absicht der Anleger ist es, unabhängig informiert zu werden. Lange wurde mit der Herabstufung Japans gewartet und momentan zögern die großen Ratingagenturen mit der Herabstufung der USA von dem momentanen AAA, um wirtschaftliche und politische Dispute zu vermeiden. Eine Warnung zur Herabstufung wurde von S & P und Moody's allerdings bereits ausgesprochen, falls sich die Zinslast des Landes nicht verbessern sollte.[54]

Viele Privatpersonen verwalten in ihrem Vermögen Anleihen, Aktien oder andere Finanzprodukte von Unternehmen. Auch Ratinganalysten gehören zu dem genannten Personenkreis und besitzen diese Produkte. Probleme können dann auftauchen, wenn ein Ratinganalyst über Aktien eines Unternehmens verfügt, welches von ihm bewertet werden soll. Da dieser als Privatmann ein Interesse daran hat, die Rendite möglichst hoch zu halten,

---

[51] Vgl. *CESR*, technical advice, S.19-20.
[52] Vgl. *Osman / Buchter*, Wut auf die Ratingagenturen, FTD.de, 09.08.2007.
[53] Vgl. Erwägungsgrund 33 der RatingVO.
[54] Vgl. *Koch / Zydra*, Warnschuss für Amerika, Sueddeutsche.de, 13.01.2011; *Bastian*, Das warnende Beispiel Japans, Handelsblatt 20/2011, S.8, 8.

könnte es dazu kommen, dass das Rating nicht objektiv abläuft.[55]

Der schwerwiegendste Fall von einem Interessenkonflikt liegt sicherlich vor, wenn die Ratingagentur Geld von dem zu bewertenden Unternehmen außerhalb der offiziellen Gebühren, also Schmiergeld, erhält, damit das Rating möglichst gut ausfällt.[56]

Eine weitere Situation, in welcher Interessenkonflikte auftreten können, ist das Problem der Führung von Ratingagenturen. Häufig sind die Aufsichtsratsmitglieder der Agenturen auch noch in anderen Unternehmen als solche tätig. Je nach Erfolg der Firma wird der Aufsichtsrat in der Konstellation weiterbestehen oder ausgewechselt werden. Auch die Bonuszahlungen hängen von der Performance des Unternehmens ab. Da ein schlechtes Rating meist Einfluss auf den Erfolg eines Unternehmens hat, werden sie kein Interesse daran haben, das andere Unternehmen herabzustufen.

---

[55] Vgl. *CESR*, technical advice, S.21-22.
[56] Vgl. *Bauer*, Ein Organisationsmodell zur Regulierung der Rating-Agenturen, 2009, S.28.

3 Bestehende Regulierungsansätze für Ratingagenturen

3.1 Gemeinschaftliche Regelungen

3.1.1 US-amerikanische Regelungen[57]

Die USA erkannten ab 1930 als erstes Land die Notwendigkeit einer gesetzlichen Regelung für Ratingagenturen. Daher verabschiedete der US-Kongress 1934 ein Gesetz, das zu einem besseren Einblick in die Arbeit der Agenturen beitragen sollte. Das Gesetz war der „Securities Exchange Act of 1934". Die Einsicht in die Ratinginstrumente und -methoden sollte die „Securities and Exchange Commission", im Folgenden SEC genannt, bekommen. Sie ist die US-amerikanische Bundesbörsenaufsichtsbehörde, welche mit Erlass des Act gegründet wurde. Nach Inkrafttreten des Gesetzes zeigte sich allerdings, dass weitere Regelungen notwendig waren, um eine tatsächliche Überwachung zu ermöglichen. Daraufhin wurde 1940 der „Investment Advisers Act of 1940" erlassen, mit der Absicht die bestehenden Missstände zu beheben und eine Registrierungspflicht für Investitionsberater einzuführen.[58]

Im Jahre 1975 begann die SEC externe Ratings zu nutzen, um Eigenkapitalvorschriften von Institutionen zu bewerten. Diese Ratings durften nur bei der SEC registrierte Agenturen erbringen. Agenturen, welche das Verfahren erfolgreich durchlaufen hatten, durften sich als „Nationally Recognized Statistical Rating Organizations", kurz NRSROs bezeichnen. Problematisch war, dass die großen US-Agenturen als NRSROs anerkannt wurden, ohne eine ernsthafte und fundierte Überprüfung durchlaufen zu haben. Dies geschah durch den sogenannten „no-action letter process".[59] Ab dem Jahr 1994 wurden durch die SEC formelle Kriterien zur Anerkennung als NRSRO diskutiert. Mehrmals wurden Concept Releases[60] formuliert, die jedoch nie rechtsverbindlichen Charakter hatten. Das endgültige Ergebnis, das „Concept Release zu Ratingagenturen", wurde dann im Jahr 2003 erlassen. Allerdings hielt sich die SEC hierbei nicht an die zuvor ergangenen Emp-

---

[57] Die Einordnung der US-amerikanischen Regelungen unter Gemeinschaftliche Regelungen rührt daher, dass innerhalb der verschiedenen einzelnen Staaten eigenständige Gesetze und Normen getroffen wurden.
[58] Für den ganzen Absatz vgl. *Eisen*, Haftung und Regulierung internationaler Rating-Agenturen, 2007, S.111; *Deipenbrock*, Der US-amerikanische Rechtsrahmen für das Ratingwesen, WM 48/2007, S.2217, 2218; *SEC*, The Laws That Govern the Securities Industry; *SEC*, The Investor's Advocate.
[59] Den Agenturen wurde die Tätigkeit als NRSRO erlaubt, sofern die Marktteilnehmer keine Bedenken dagegen äußerten.
[60] Der Begriff ist vergleichbar mit einem Diskussionspapier.

fehlungen und Kommentare, so dass auch weiterhin Unmut in diesem Bereich herrschte.[61]

Nach den Vorfällen bei Enron und Worldcom in den Jahren 2001 und 2002[62] trat am 29. September 2006 das erste Gesetz weltweit in Kraft, welches sich ausdrücklich mit Fragen zu Ratingagenturen befasste. Es geht aus Diskussionen und Vorschlägen um das Concept Release hervor. Der „Credit Rating Agency Reform Act of 2006" soll die Verantwortlichkeit, Transparenz und den Wettbewerb von Agenturen fördern. Grundsätze wie die Offenlegung des Ratingverfahrens und die Aufdeckung von Interessenkonflikten sind durch den Act schriftlich fixiert. Er umfasst sieben Abschnitte.

Eingangs wird der Name des Gesetzes festgelegt.

Daraufhin folgen die Ziele des Gesetzes und die Gründe, aus denen ein legislatives Einschreiten notwendig ist. Dabei wird darauf eingegangen, dass die Tätigkeit der Ratingagenturen den Finanzmarkt sowie die Wirtschaft nachhaltig beeinflusst.

Die Abschnitte drei bis fünf erweitern und ändern bestehende Gesetze, wie beispielsweise den „Securities Exchange Act of 1934" und definieren verbindlich offene Begriffe, wie Rating, Ratingagentur und NRSRO. Der SEC wird in Abschnitt vier die Überwachung und Durchsetzung der Regelungen übertragen.

In der sechsten Passage werden die Agenturen zu einer jährlichen Berichterstattung verpflichtet.

Nicht zuletzt muss der Präsident des Rechnungshofes der USA eine Studie und einen Ergebnisbericht zu den Auswirkungen des Act erstellen.[63]

In dem Gesetz ist in Abschnitt 15E eine Registrierungspflicht für Agenturen ab Juni 2007 vorgesehen. Der „no-action letter process" wird damit abgeschafft. Die Registrierung ist an konkrete Anforderungen gebunden, so dass es schwer sein wird, die Marktmacht der „Big Three" zu durchbrechen. Es wird beispielsweise Marktakzeptanz und ein dreijähri-

---

[61] Für den ganzen Absatz vgl. *Eisen*, Haftung und Regulierung internationaler Rating-Agenturen, 2007, S.168-170; *Bauer*, Ein Organisationsmodell zur Regulierung der Rating-Agenturen, 2009, S.224-227; *Rosenbaum*, Der politische Einfluss von Rating-Agenturen, 2009, S.49; *Deipenbrock*, Der US-amerikanische Rechtsrahmen für das Ratingwesen, WM 48/2007, S.2217, 2218-2219; *Blaurock*, Verantwortlichkeit von Ratingagenturen, ZGR 36/2007, S.603, 615-616; *CESR*, technical advice, S.7-8.

[62] Beide Firmen waren in Bilanzfälschungsskandale verwickelt, jedoch wurden bis kurz vor Aufdeckung der Vorfälle hervorragende Bonitäten durch Ratingagenturen attestiert.

[63] Für den gesamten Abschnitt vgl. *SEC*, Credit Rating Agency Reform Act of 2006; *Rosenbaum*, Der politische Einfluss von Rating-Agenturen, 2009, S.52-54; *Deipenbrock*, Der US-amerikanische Rechtsrahmen für das Ratingwesen, WM 48/2007, S.2217, 2217-2219; *Blaurock*, Verantwortlichkeit von Ratingagenturen, ZGR 36/2007, S.603, 616-617.

ges Bestehen der Agentur vorausgesetzt. Bei Gesetzesverstößen wird der SEC das Recht eingeräumt, die erteilte Registrierung zu widerrufen. Ein solcher Widerruf ist allerdings nicht bei inhaltlich falschen Ratings und fragwürdigen Ratingverfahren oder -methoden möglich.[64]

Der Act enthält keinerlei Regelung bezüglich der Haftung von Ratingagenturen. Im Juni 2008 wurden einige kleine Änderungen vorgenommen, die weitere Vorgaben für die Sicherstellung der Qualität, Unabhängigkeit und Transparenz umfassen.[65]

3.1.2 Gemeinschaftsrecht

Es gibt nur wenige gemeinschaftsrechtliche Regelungen, welche auf Ratingagenturen angewendet werden können.

Denkbar wäre eine Anwendung der Marktmissbrauchsrichtlinie (Richtlinie 2003/6/EG) und deren Durchsetzungsrichtlinie (Richtlinie 2003/125/EG). Allerdings sind in Erwägungsgrund 10 der Richtlinie 2003/125/EG Ratingagenturen ausdrücklich aus dem Geltungsbereich der Richtlinie ausgenommen. Sie sollen jedoch freiwillig „interne Politiken und Verfahren verabschieden, die sicherstellen, dass die von ihnen veröffentlichen Ratings sachgerecht dargeboten werden und (...) nennenswerte Interessen oder Interessenkonflikte im Zusammenhang mit den Finanzinstrumenten oder den Emittenten, auf die sich die Ratings beziehen, angemessen offen legen."[66] Die Regelungen zur Marktmanipulation, welche in Art. 1 Abs. 2 Ziff. c der Richtlinie 2003/6/EG festgeschrieben sind, sollen jedoch auch auf Ratingagenturen Anwendung finden. So dürfen Agenturen keine Ratings verbreiten, von welchen ihnen bekannt war oder fahrlässig nicht bekannt war, dass diese falsch oder irreführend sind. Auch die Vorschriften über den Umgang mit Insider-Informationen werden auf die Agenturen angewendet, sofern es sich um ein beauftragtes Rating handelt. Allerdings kann nicht jede nicht-öffentliche Information als Insider-Information gewertet werden, da die Definition einer solchen in Art. 1 Ziff. 1 der Richtlinie 2003/6/EG sehr eng gefasst ist. Hauptregelung in diesem Zusammenhang ist sicherlich die Geheimhaltungspflicht, welche in Art. 6 Abs. 3 der Richtlinie 2003/6/EG

---

[64]Für den ganzen Absatz vgl. *Eisen*, Haftung und Regulierung internationaler Rating-Agenturen, 2007, S.170-172; *Bauer*, Ein Organisationsmodell zur Regulierung der Rating-Agenturen, 2009, S.227-228.
[65]Vgl. *Rosenbaum*, Der politische Einfluss von Rating-Agenturen, 2009, S.55.
[66]Erwägungsgrund 10 der Richtlinie 2003/125/EG.

steht.⁶⁷

Auch die Richtlinie 2004/39/EG, in der Praxis Richtlinie über Märkte für Finanzinstrumente genannt, stellt keine wirkliche Regelung für Ratingagenturen dar. Deren Ausführungen greifen nicht, da Ratings weder Wertpapierdienstleistungen noch Wertpapiernebendienstleistungen im Sinne von Anhang I Abschnitt a und b der Richtlinie sind. Vertretbar wäre der Gedanke, ein Rating als Wertpapiernebendienstleistung nach Anhang I Abschnitt b Nr.5, also als Wertpapier- und Finanzanalyse zu qualifizieren. Dagegen spricht jedoch die weitergehende Formulierung der Regelung. Der Wortlaut „oder sonstige Formen allgemeiner Empfehlungen" widerspricht genau dem Grundsatz, den ein Rating ausmacht. Ein Rating ist eben keine allgemeine Empfehlung, sondern wie in Fußnote 15 schon belegt, nur eine unverbindliche Meinungsäußerung der Agentur. Lediglich wenn die Agenturen tatsächlich Finanzinstrumente vermitteln oder Anlageberatung betreiben, fallen sie unter den Geltungsbereich der Richtlinie. Daher ist eine Kontrolle der Ratingagenturen nach der Richtlinie 2004/39/EG und somit z.B. durch die BaFin in Deutschland nicht möglich.⁶⁸

Die einzige gesetzliche Regelung, welche EU-weit Anwendung findet, ist die Eigenkapitalrichtlinie (Richtlinie 2006/48/EG) in Verbindung mit der Rahmenvereinbarung der Richtlinie 2006/49/EG. Sie besagt, dass der Einsatz externer Ratings zur Bewertung der Eigenkapitalvorschriften von Institutionen nur möglich ist, wenn die Agentur als „External Credit Assessment Institution" (ECAI) anerkannt ist. Am 20. Januar 2006 wurden vom „Committee of European Banking Supervisors" (CEBS), dem Ausschuss der Europäischen Bankenaufsichtsbehörden, unverbindliche Leitlinien zur Anerkennung von Agenturen erlassen. Die CEBS-Leitlinien, welche im Rahmen von Basel II eingeführt wurden, umfassen Grundsätze, die eine Agentur mitbringen muss, um anerkannt zu werden. Als erster Punkt muss das Ratingverfahren ausreichend objektiv sein. Weiterhin müssen die Ratings für Institutionen mit berechtigtem Interesse zugänglich sein. Auch die Offenlegung der Prüfungsmethode sowie der Ausfallraten sind vorgesehen. Zuletzt muss die Agentur über ausreichend Ressourcen verfügen und glaubwürdig sein. All diese

---

⁶⁷Für den ganzen Absatz vgl. *Deipenbrock*, Was ihr wollt oder der Widerspenstigen Zähmung?, BB 39/2005, S.2085, 2088.
⁶⁸Für den ganzen Absatz vgl. *Blaurock*, Verantwortlichkeit von Ratingagenturen, ZGR 36/2007, S.603, 614-615.

Punkte müssen einer regelmäßigen Überprüfung und Anpassung unterliegen. Da die Leitlinien jedoch nur unverbindliche Empfehlungen darstellen, kann jede Aufsichtsbehörde selbst entscheiden, ob und wie sie von den Empfehlungen Gebrauch machen möchte. Bedingt dadurch, dass die Anerkennung nur einmalig erfolgt, findet keine laufende Kontrolle durch nationale Behörden statt. Auch wird die Anerkennung nur für solche Agenturen zuteil, welche externe Ratings zur Bewertung der Eigenkapitalvorschriften von Institutionen vornehmen möchten. Alle anderweitig tätigen Agenturen bedürfen einer solchen Registrierung nicht. Daher sind diese Regelungen auch nur bedingt regulatorisch.[69]

Deutlich ist, dass die Regelungen auf gemeinschaftsrechtlicher Ebene größtenteils nicht für Ratingagenturen gelten und daher Regelungsbedarf besteht.

3.2 Nationales Recht[70]

Zu Beginn lässt sich sagen, dass die Diskussion, ob eine nationale Regulierung für Ratingagenturen einzuführen ist oder nicht, lediglich in der Literatur stattfindet. Am 1. April 2004 lag dem Deutschen Bundestag ein gemeinsamer Antrag aller Fraktionen vor. Dieser besagt, dass eine rein nationale Regelung nicht stattfinden solle. Der Antrag wurde einstimmig angenommen.[71]

3.2.1 Wertpapierhandelsgesetz

Regelungswünsche in der Literatur werden wegen der bestehenden Lücken in der Haftung von Ratingagenturen laut. Autoren sind der Ansicht, dass die Agenturen auf Grund ihrer Tätigkeit unter die §§ 34b, 34c WpHG fallen, da sie Analysen von Finanzinstrumenten vornehmen. Wäre dies anzunehmen, würden die Agenturen wegen den §§ 35 und 36 WpHG der Überwachung der Meldepflichten und Verhaltensregeln sowie der Prüfung der Meldepflichten und Verhaltensregeln durch die BaFin unterliegen. Problematisch ist jedoch, dass die Ratingagenturen keine Empfehlungen nach den §§ 34ff. WpHG vorneh-

---

[69] Für den ganzen Absatz vgl. *Blaurock*, Verantwortlichkeit von Ratingagenturen, ZGR 36/2007, S.603, 619-621; *Deipenbrock*, Was ihr wollt oder der Widerspenstigen Zähmung?, BB 39/2005, S.2085, 2089-2090; *Kruse*, in: Achleitner / Everling (Hrsg.), Rechtsfragen im Rating, 2005, S.3, 10-11; *Deipenbrock*, Ausgewählte Rechtsaspekte einer „Anerkennung" von Ratingagenturen, WM 2006, S.2237, 2237-2242; *Rost*, Die Herausbildung transnationalen Wirtschaftsrechts auf dem Gebiet der internationalen Finanz- und Kapitalmärkte, 2007, S.147; *Deipenbrock*, Der US-amerikanische Rechtsrahmen für das Ratingwesen, WM 48/2007, S.2217, 2217-2218.
[70] In diesem Abschnitt wird lediglich auf Deutsches Recht eingegangen.
[71] Vgl. *Bauer*, Ein Organisationsmodell zur Regulierung der Rating-Agenturen, 2009, S.214.

men, sondern lediglich unverbindliche Meinungsäußerungen veröffentlichen. Die Autoren fordern daher eine entsprechende Anwendung der Regelungen, da eine planwidrige Regelungslücke bestehe. Die §§ 31ff. WpHG basieren allerdings auf der Umsetzung der Richtlinien 2003/6/EG und 2003/125/EG. Wie bereits unter Punkt 3.1.2 dieser Arbeit erwähnt, sind die Agenturen ausdrücklich vom Geltungsbereich der Richtlinie 2003/125/EG ausgenommen. Genau deshalb liegt keine planwidrige Regelungslücke vor und eine gegensätzliche Auslegung wäre nicht richtlinienkonform.

Wie unter Punkt 3.1.2 dieser Arbeit schon erläutert, unterliegen die Ratingagenturen unter bestimmten Voraussetzungen den Vorgaben zum Umgang mit Insider-Informationen der Richtlinie 2003/6/EG. Da das WpHG die Umsetzung der Richtlinie ist, unterliegen die Agenturen stellenweise diesen Normen.

Eine Regelung, welche konkret auf Ratingagenturen Anwendung findet, ist das Verbot der Marktmanipulation in § 20a Abs. 1 S. 1 Nr. 1 Var. 1 WpHG. Wenn die Agentur wusste oder fahrlässig nicht wusste, dass ein Rating falsch oder irreführend ist, liegt eine Ordnungswidrigkeit vor, die nach § 39 Abs. 2 Nr. 11 Abs. 4 WpHG mit einer Geldbuße von bis zu einer Million Euro belegt ist.[72]

3.2.2 Solvabilitätsverordnung

Im Zuge von Basel II wurden Regelungen zur Eigenkapitalhinterlegung getroffen. Basel II setzt sich aus der Neuformulierung der Richtlinie 2006/48/EG, genannt Eigenkapitalrichtlinie und der Richtlinie 2006/49/EG, genannt Rahmenvereinbarung „Internationale Konvergenz der Eigenkapitalmessung und der Eigenkapitalanforderungen", zusammen. Abhängig von der Bonität des Ratings muss ein bestimmter Prozentsatz des Risikokapitals mit 8% Eigenkapital hinterlegt sein. Je nach Bonitätseinstufung erfolgt eine Risikogewichtung, anhand derer deutlich wird, wie viel Eigenkapital hinterlegt sein muss. Dies ist in Tabelle 2 grafisch dargestellt und danach an einem Rechenbeispiel exemplarisch

---

[72] Für den gesamten Abchnitt vgl. *Deipenbrock*, Aktuelle Rechtsfragen zur Regulierung des Ratingwesens, WM 6/2005, S.261, 262; *Bauer*, Ein Organisationsmodell zur Regulierung der Rating-Agenturen, 2009, S.214-216; *Deipenbrock*, Externes Rating, BB 2003, S.1849, 1850-1851; *Eisen*, Haftung und Regulierung internationaler Rating-Agenturen, 2007, S.159-165; *Deipenbrock*, Was ihr wollt oder der Widerspenstigen Zähmung?, BB 39/2005, S.2085, 2088-2089; *Oellinger*, Die Haftung für Ratings, 2005, S.98-99; *Witte / Bultmann*, in: Achleitner / Everling (Hrsg.), Rechtsfragen im Rating, 2005, S.89, 112-114.

skizziert.

Rating	AAA bis AA-	A+ bis A-	BBB+ bis BBB-	BB+ bis B-	unter B-	Nicht beurteilt
Risikogewicht	0%	20%	50%	100%	150%	100%

Tab. 2: Risikogewichtung für Eigenkapitalhinterlegung
Quelle: *Basler Ausschuss für Bankenaufsicht*, Internationale Konvergenz der Kapitalmessung und Eigenkapitalanforderungen, Nr. 53.

Wenn ein Unternehmen mit einer Risikoposition von 100.000 € nun ein Rating der Güte A erhielte, müsste folgende Eigenkapitalhinterlegung gegeben sein:

Risikoposition x Risikogewichtung x 8% = Eigenkapitalhinterlegung

In diesem Fall müsste das Unternehmen also über 100.000 € x 20% x 8% = 1.600 € Eigenkapital verfügen, bevor weitere Investitionen getätigt werden könnten.[73]

Ein solches Rating darf nur von einer ECAI, also einer registrierten Agentur erbracht werden. Die Voraussetzungen und Rechtsfolgen einer solchen Registrierung sind in der neu formulierten SolvVO geregelt. Diese beruht auf der Umsetzung der CEBS-Richtlinie. § 52 Abs. 1 S. 1 SolvVO besagt, dass eine Ratingagentur dann als ECAI anerkannt wird, wenn die „Methodik zur Bonitätsbeurteilung Objektivität, Unabhängigkeit, laufende Überprüfung und Transparenz gewährleistet sowie die mit der Methodik erstellten Bonitätsbeurteilungen Zuverlässigkeit und Transparenz gewährleisten".[74] Was unter diesen Begriffen zu verstehen ist, wird in § 53 SolvVO erläutert.[75]

3.2.3 Ratingvertrag

Der Ratingvertrag ist jener Vertrag, der zwischen der Ratingagentur und dem beauftragenden Unternehmen geschlossen wird. Ein solcher ist also nur beim beauftragten oder sogenannten „solicited" Rating gegeben. Wie aus jedem zivilrechtlichen Vertrag ergeben sich auch aus dem Ratingvertrag Haupt- und Nebenleistungspflichten, sowie Nebenpflichten. Oftmals werden Dinge wie das Ratingverfahren, die -methode und der -ablauf in diesem

---

[73] Rechnung vgl. *Basler Ausschuss für Bankenaufsicht*, Internationale Konvergenz der Kapitalmessung und Eigenkapitalanforderungen, Nr. 3 a, S.250.
[74] § 52 Abs. 1 S. 1 SolvVO.
[75] Für den gesamten Abschnitt vgl. *Blaurock*, Verantwortlichkeit von Ratingagenturen, ZGR 36/2007, S.603, 613, 619-621; *Basler Ausschuss für Bankenaufsicht*, Internationale Konvergenz der Kapitalmessung und Eigenkapitalanforderungen, Nr. 5, Nr. 90ff.

Vertrag geregelt. Allerdings sind die Regelungen meist eher globaler Art. Viele unbestimmte Rechtsbegriffe wie sachkundig, sorgfältig, angemessen oder gewissenhaft tragen zur Ungenauigkeit bei. Die Hauptleistungspflicht der Agentur ist die Generierung des Ratings. Zusätzlich ist die Geheimhaltung der erhaltenen Informationen eine wesentliche Nebenpflicht. Das beauftragte Unternehmen muss im Gegenzug dazu die vereinbarte Gebühr zahlen, sowie alle benötigten Informationen bereitstellen.[76]

Für die Einordnung des Ratingvertrags kommen vier rechtliche Arten in Betracht - der Auftrag, Werk- oder Dienstvertrag oder ein Vertrag sui generis. Die Einordnung als Auftrag nach § 662 BGB entfällt trotz häufiger Bezeichnung als Ratingauftrag oder beauftragtes Rating auf Grund der Entgeltlichkeit. Ein Dienstvertrag ist auch nicht anzunehmen, da das Rating gerade der Erfolg des Vertrags ist. Die Agentur schuldet keine permanente Bewertung, sondern nur das einmalige Rating. Denkbar ist eine Anwendung des Werkvertragrechts. Dem steht die fehlende Abnahme nach § 640 BGB nicht entgegen. Die herrschende Meinung geht bei dem Ratingvertrag von einem Werkvertrag aus. Allerdings spricht dagegen, dass auch die Ratingagentur ein Interesse an der Erstellung und Publikation des Ergebnisses hat. Ferner wird dem beauftragenden Unternehmen lediglich das Ratingergebnis mitgeteilt, nicht jedoch die zuvor generierten Analysen oder Unterlagen. Eine andere bedenkenswerte Meinung geht daher von einem Vertrag sui generis nach § 311 Abs. 1 BGB mit vielen werkvertraglichen Aspekten aus.[77]

3.3 Selbstregulierung

Die Ratingagenturen selbst sind der Meinung, alleine durch den Marktdruck ausreichend reguliert zu sein. So müssen sie konstant gute Qualität erbringen, um am Markt überleben zu können. Wie eingangs schon erwähnt, wird der Markt jedoch von den „Big Three" dominiert, so dass für diese Agenturen der Qualitätsdruck nicht massiv sein dürfte. Da auch die Regierungen vieler Länder derselben Meinung sind, wurde nach einer Art regulierter

---

[76] Für den ganzen Absatz vgl. *Oellinger*, in: Achleitner / Everling (Hrsg.), Rechtsfragen im Rating, 2005, S.357, 366-367; *Krimphove*, in: Achleitner / Everling (Hrsg.), Rechtsfragen im Rating, 2005, S.65, 68-70; *Eisen*, Haftung und Regulierung internationaler Rating-Agenturen, 2007, S.223-224.
[77] Für den ganzen Absatz vgl. *Deipenbrock*, Externes Rating, BB 2003, S.1849, 1851; *Oellinger*, in: Achleitner / Everling (Hrsg.), Rechtsfragen im Rating, 2005, S.357, 365-366; *Bauer*, Ein Organisationsmodell zur Regulierung der Rating-Agenturen, 2009, S.24-26; *Eisen*, Haftung und Regulierung internationaler Rating-Agenturen, 2007, S.214-215.

Selbstregulierung gesucht.[78]

Die Überlegungen gingen von der „International Organization of Security Commissions", kurz IOSCO, aus. Seit 2003 beteiligt sich auch das „Financial Stability Forum", kurz FSF, an den Studien. Im September 2003 wurden dann die IOSCO-Grundsätze für die Tätigkeit von Ratingagenturen, die „IOSCO Statement of Principles Regarding the Activities of Credit Rating Agencies", erlassen. Diese Grundsätze enthalten Empfehlungen für allgemeine Prinzipien in vier großen Komplexen.

Der erste Komplex umfasst die Qualität und Integrität des Ratingverfahrens. Anhand festgelegter, strenger und systematischer Verfahren und Methoden sollen Informationsasymmetrien vermieden werden. Die Ratings sollen einer laufenden Beobachtung unterliegen, bei Notwendigkeit aktualisiert werden und stets ausreichend dokumentiert sein. Die Dokumentation muss dauerhaft aufbewahrt werden. Auch hinreichend kompetentes Personal soll zur Qualität des Verfahrens beitragen.

Weiterhin soll im Ratingverfahren jederzeit Unabhängigkeit und das Fehlen von Interessenkonflikten gewährleistet sein. Insbesondere sollen die Agenturen unabhängig von wirtschaftlichem und politischem Druck sein. Dazu sind interne Vorgaben zu erlassen, um die denkbaren Interessenkonflikte unter Punkt 2.3 dieser Arbeit zu vermeiden.

Anforderungen an Transparenz und zeitnahe Ratingveröffentlichungen sind im dritten Komplex geregelt. So müssen Ratingverfahren und -methoden sowie die Definition der Ratingkategorien in gewissem Rahmen offengelegt werden. Auch ist kenntlich zu machen, ob es sich bei der Bewertung um ein beauftragtes oder unbeauftragtes Rating handelt.

Nicht zuletzt wird in Abschnitt vier der Umgang mit vertraulichen Informationen reguliert. Als Kernpunkt ist hier zu sehen, dass solche Informationen nicht an außenstehende Dritte gelangen dürfen.[79]

---

[78] Vgl. *Kruse*, in: Achleitner / Everling (Hrsg.), Rechtsfragen im Rating, 2005, S.3, 11-12; *Blaurock*, Verantwortlichkeit von Ratingagenturen, ZGR 36/2007, S.603, 641.

[79] Für den ganzen Abschnitt vgl. *IOSCO*, Statement of Principles Regarding the Activities of Credit Rating Agencies, September 2003; *Bauer*, Ein Organisationsmodell zur Regulierung der Rating-Agenturen, 2009, S.209-210; *Deipenbrock*, Was ihr wollt oder der Widerspenstigen Zähmung?, BB 39/2005, S.2085, 2086; *Kruse*, in: Achleitner / Everling (Hrsg.), Rechtsfragen im Rating, 2005, S.3, 4-9; *Witte / Bultmann*, in: Achleitner / Everling (Hrsg.), Rechtsfragen im Rating, 2005, S.89, 114-115; *Strunz-Happe*, in: Achleitner / Everling (Hrsg.), Rechtsfragen im Rating, 2005, S.17, 24-25; *Rost*, Die Herausbildung transnationalen Wirtschaftsrechts auf dem Gebiet der internationalen Finanz- und Kapitalmärkte, 2007, S.144-145; *Blaurock*, Verantwortlichkeit von Ratingagenturen, ZGR 36/2007, S.603, 638.

Nach dem Erlass der IOSCO-Grundsätze herrschte eine rege Rückmeldung seitens der Agenturen, die den Vorschlag machten, eine Art Verhaltenskodex für Ratingagenturen zu verfassen, wie die Grundsätze in der Praxis umgesetzt werden könnten. Daraufhin wurde im Dezember 2004 der „Code of Conduct Fundamentals for Credit Rating Agencies" erlassen. Er ergänzt und konkretisiert die IOSCO-Grundsätze und gibt weiterhin Anregungen für die Praxis. Die Agenturen sollen den „Code of Conduct" in der offiziellen Form aufnehmen. Wenn abweichende Regelungen getroffen werden, muss eine Begründung stattfinden, warum nicht an der ursprünglichen Regelung festgehalten wurde (auch „comply or explain" genannt). Der IOSCO-Code besteht aus vier Komplexen, die denen der Grundsätze stark ähneln. Innerhalb der vier Abschnitte sind zweiundfünfzig Einzelmaßnahmen aufgeführt, wie die Ziele in der Praxis erreicht werden können.

Die Komplexe eins und zwei entsprechen den Zielen der Grundsätze.

Abschnitt drei befasst sich mit der Verantwortung der Ratingagenturen gegenüber Investoren und Emittenten. In diesem Zusammenhang wird beispielsweise der Umgang mit Insider-Informationen geklärt.

Der letzte Part regelt die Veröffentlichung des Verhaltenskodexes und die Kommunikation mit den Marktteilnehmern. So muss eine Stelle in der Agentur eingerichtet werden, an die sich die Marktteilnehmer bei Fragen wenden können.[80]

Wie bereits die IOSCO-Grundsätze ist auch der „Code of Conducts" eine freiwillige Selbstverpflichtung. Grundlegende Idee hinter der Regelung ist, dass die Agenturen selbst einen internen Verhaltenskodex entwickeln, um sich so zu verpflichten. Vom heutigen Standpunkt aus lässt sich sagen, dass die großen Agenturen diesem Rat auch nachgekommen sind, jede Verantwortlichkeit oder Haftung aus dem „Code of Conducts" jedoch ausschließen.[81]

---

[80] Für den gesamten Abschnitt vgl. *IOSCO*, Code of Conduct Fundamentals for Credit Rating Agencies, Dezember 2004 in der neusten Fassung von Mai 2008; *Bauer*, Ein Organisationsmodell zur Regulierung der Rating-Agenturen, 2009, S.210-214; *Deipenbrock*, Was ihr wollt oder der Widerspenstigen Zähmung?, BB 39/2005, S.2085, 2086-2088; *Witte / Bultmann*, in: Achleitner / Everling (Hrsg.), Rechtsfragen im Rating, 2005, S.89, 115-116; *Kruse*, in: Achleitner / Everling (Hrsg.), Rechtsfragen im Rating, 2005, S.3, 9-10; *Eisen*, Haftung und Regulierung internationaler Rating-Agenturen, 2007, S.177-178, 376-378; *Strunz-Happe*, in: Achleitner / Everling (Hrsg.), Rechtsfragen im Rating, 2005, S.17, 25-28; *Rost*, Die Herausbildung transnationalen Wirtschaftsrechts auf dem Gebiet der internationalen Finanz- und Kapitalmärkte, 2007, S.145-146; *Blaurock*, Verantwortlichkeit von Ratingagenturen, ZGR 36/2007, S.603, 638; *Krimphove / Kruse*, Regulierung und Haftung von Ratingagenturen, Kreditwesen 2005, S.413, 414; *Reichling / Bietke / Henne*, Praxishandbuch Risikomanagement und Rating, 2007, S.75-77.

[81] Vgl. *Deipenbrock*, Was ihr wollt oder der Widerspenstigen Zähmung?, BB 39/2005, S.2085, 2086-2088; *Eisen*, Haftung und Regulierung internationaler Rating-Agenturen, 2007, S.178; *Krimphove / Kruse*, Regulierung und Haftung von Ratingagenturen, Kreditwesen 2005, S.413, 414.

Zusammenfassend lässt sich zu den Regelungen der IOSCO sagen, dass auch hier keine tatsächliche Regulierung stattfindet, da sie rechtlich unverbindlich sind. Die Normen enthalten viele abstrakte Begriffe, die eine sehr weite Auslegung zulassen. In der EU wird die Einhaltung durch den Ausschuss der Europäischen Wertpapierregulierungsbehörden (CESR) beobachtet, jedoch bei Verstößen nicht weiter verfolgt. Die CESR möchte den IOSCO-Code zuerst ohne eine gesetzliche Umsetzung in seiner jetzigen Form übernehmen. Am 11. März 2006 beschloss die EU-Kommission, dass vorerst keine weitergehende Regulierung notwendig ist. Schließlich ist auch noch erwähnenswert, dass der Code ein erster Schritt in Richtung Harmonisierung des Rechts betreffend der Ratingagenturen zwischen der EU und den USA ist.[82]

---

[82] Für den ganzen Absatz vgl. *Kruse*, in: Achleitner / Everling (Hrsg.), Rechtsfragen im Rating, 2005, S.3, 10-11; *Blaurock*, Verantwortlichkeit von Ratingagenturen, ZGR 36/2007, S.603, 613, 639-640; *Witte / Bultmann*, in: Achleitner / Everling (Hrsg.), Rechtsfragen im Rating, 2005, S.89, 116; *Strunz-Happe*, in: Achleitner / Everling (Hrsg.), Rechtsfragen im Rating, 2005, S.17, 28.

4 Regelungen der Verordnung (EG) Nr. 1060/2009[83]

4.1 Entstehung und Hintergrund der RatingVO

Wie in Kapitel 3 deutlich wird, ist die rechtliche Aufsicht von Ratingagenturen längst nicht ausgereift.

Ein Hauptproblem, welches schon lange Zeit besteht, ist die Haftung der Agenturen. Insbesondere für die Anleger ist es schwer, Ansprüche gegen die Agenturen direkt geltend zu machen. Auch Konsequenzen bei Verstößen der Agenturen gegen bestehende rechtliche Ansatzpunkte wurden in der Vergangenheit nur äußerst verhalten gezogen.[84]

Bislang versuchten viele Staaten die Agenturen über eine Selbstregulierung zu zügeln. Die Agenturen sind der Ansicht, der Wettbewerbsdruck stelle eine ausreichende Regulierung dar. Tatsächlich ist die Qualität der Ratings meistens hoch. Selbst die Europäische Kommission verfolgte lange eine Strategie, die sich am Besten mit „wait and see" umschreiben lässt. Allerdings wurde schon vor der Wirtschafts- und Finanzkrise in der EU über eine weitergehende Regulierung der Agenturen diskutiert. Letztlich nie mit sichtbarem Erfolg. Ein System wird genau zu dem Zeitpunkt auf seine Tauglichkeit geprüft, wenn nicht alles planmäßig läuft und eine Krise entsteht. Hier hatte sich gezeigt, dass im Moment der Krise viele Ratingagenturen Defizite aufwiesen. Daher wurden nach der Krise wieder vermehrt Rufe nach einer tiefergehenden staatlichen Regulierung laut, um die Anleger und Unternehmen zu schützen.[85]

Bereits am 10. Februar 2004 beschloss das Europäische Parlament, dass die EU-Kommission zusammen mit dem CESR Vorschläge für eine EU-weit einheitliche Regulierung für Ratingagenturen vorlegen soll. Daher ernannte die Kommission am 27. Juli 2004 das CESR, bis zum 1. April 2005 einen „technical advice on possible measures concerning credit rating agencies" zu erstellen. Beteiligt an der Erstellung war auch das CEBS. Die Ergebnisschrift mit dem gleichnamigen Titel wurde der Kommission am 30. März 2005

---

[83] Sofern nicht explizit eine andere Rechtsquelle genannt wird, beziehen sich alle Artikel, Anhänge und Erwägungsgründe in diesem Kapitel auf die RatingVO.
[84] Vgl. *Blaurock*, Verantwortlichkeit von Ratingagenturen, ZGR 36/2007, S.603, 613, 642.
[85] Für den ganzen Absatz vgl. *Blaurock*, Verantwortlichkeit von Ratingagenturen, ZGR 36/2007, S.603, 613, 639-641.

vorgelegt. Zu diesem Zeitpunkt war allerdings die Mehrheit der CESR-Mitglieder gegen eine staatliche oder EU-weite Regulierung eingestellt. Vielmehr waren die Beteiligten der Meinung, dass eine Selbstregulierung in der Situation ausreichend sei. Allerdings sollten die zukünftigen Entwicklungen beobachtet und bei Bedarf eine weitere Zusammenkunft einberufen werden.[86]

Wie in Kapitel 3.3 schon erwähnt, erklärte die EU-Kommission am 11. März 2006 wiederholt, dass die Selbstregulierung hinreichend wirksam sei und keine weiteren Schritte vorzunehmen sind. Ungeachtet dessen sollte die Umsetzung des IOSCO-Codes weiter vorangetrieben werden. Wie bereits im März 2005 das CESR, behielt sich nunmehr die Kommission vor, die weiteren Entwicklungen zu beobachten und gegebenenfalls den Standpunkt zu überdenken. Somit hielt sie weiter an der „wait and see"-Strategie fest.[87]

Als sich 2007 abzeichnete, dass auch die EU von der Krise betroffen war, wurde klar, dass der Zeitpunkt für ein legislatives Einschreiten gekommen war. Aus diesem Grund wurde im Sommer 2007 mit der Ausarbeitung eines Verordnungsvorschlags begonnen. Im September 2007 rief die Europäische Kommission das CESR an, um anzufragen, inwieweit Regelungsbedarf der Agenturen bestehe. Um die Arbeit der CESR zu unterstützen, wurde an die European Securities Markets Expert Group, kurz ESME, auch ein solcher Auftrag erteilt. Ebenso wurden Meinungen von den Agenturen und anderen betroffenen Gruppen, wie z.B. der Bankenbranche, eingeholt. Das Ergebnis aller Anfragen war eindeutig. Die Ergebnisse der Ratingagenturen in der Krise waren suboptimal, was durch eine Regulierung unter Umständen hätte verhindert werden können. All diese Aktivitäten fanden im Rahmen des ECOFIN[88]-Fahrplans statt, den die EU im Oktober 2007 als Konsequenz der Finanzkrise entwickelt hatte.[89]

---

[86]Vgl. *Strunz-Happe*, in: Achleitner / Everling (Hrsg.), Rechtsfragen im Rating, 2005, S.17, 28; *CESR*, technical advice, S.2, 50-53, 55-56; *Eisen*, Haftung und Regulierung internationaler Rating-Agenturen, 2007, S.176.

[87]Vgl. *Europäische Kommission*, Mitteilung der Kommission über Rating-Agenturen, S.5; *Rosenbaum*, Der politische Einfluss von Rating-Agenturen, 2009, S.59.

[88]Die Abkürzung steht für Economy and Finance und bezeichnet den Rat der Wirtschafts- und Finanzminister, welcher monatlich tagt.

[89]Für den ganzen Absatz vgl. *Europäische Kommission*, Ratingagenturen: Häufig gestellte Fragen (FAQ), S.2-3; *CESR*, Press Release, S.1-2; *Europäische Kommsission*, Mandate to ESME for advice, S.1; *Europäische Kommission*, Vorschlag für eine Verordnung des Europäischen Parlaments und des Rates über Ratingagenturen, S.3.

Am 12. November 2008 wurde nach langer Vorbereitungszeit ein Vorschlag für eine Verordnung des Europäischen Parlaments und des Rates über Ratingagenturen veröffentlicht. Er orientierte sich in großen Teilen am selbstregulatorisch wirkenden IOSCO-Code.[90] Einige Bereiche sind genauer formuliert und gehen in der Regelungstiefe über die des Codes hinaus. Der Vorschlag umfasst vier Kernpunkte.

„So haben Ratingagenturen zunächst einmal Interessenkonflikte im Ratingprozess zu vermeiden oder sie zumindest angemessen zu handhaben."[91]

Weiterhin muss eine ständige Überwachung der Qualität der Ratings und der Ratingmethode gegeben sein, um diese zu optimieren.

Drittens muss die Tätigkeit der Agenturen zu jedem Zeitpunkt transparent sein.

Zuletzt ist die Aufsichts- und Registrierungspflicht über Ratingagenturen zu verbessern. In diesem Rahmen ist besonders darauf hinzuwirken, dass ein „Forum shopping", also eine Wahl des günstigsten Gerichtsstands, verhindert wird.[92]

Der ursprünglich mit sehr strikten Regelungen versehene Vorschlag wurde auf Grund starker Proteste seitens Mitgliedsstaaten, CESR, IOSCO sowie Banken- und Versicherungsverbänden wieder etwas gelockert.[93]

Am 23. April 2009 wurde die Verordnung (EG) Nr. 1060/2009, häufig auch als Ratingverordnung bezeichnet, vom Europäischen Parlament verabschiedet.[94] Schließlich wurde sie am 16. September 2009 durch den Europäischen Rat gebilligt und damit erlassen. Die Verordnung trat am zwanzigsten Tag nach ihrer Veröffentlichung im Amtsblatt der Europäischen Union, also am 7. Dezember 2009, in Kraft.[95] Allerdings sind einige Übergangsbestimmungen zu beachten, welche aber in Art. 40 und 41 RatingVO aufgeführt sind. Beispielsweise ist in Art. 40 geregelt, dass bestehende Agenturen ihren Registrierungsantrag bis zum 7. September 2010 zu stellen haben. Die RatingVO enthält eine Re-

---

[90] Eine Angleichung der Rechtssysteme der USA und der EU wird in Erwägungsgrund 2 deutlich.
[91] *Europäische Kommission*, Vorschlag für eine Verordnung des Europäischen Parlaments und des Rates über Ratingagenturen, S.4.
[92] Für den gesamten Abschnitt vgl. *Europäische Kommission*, Vorschlag für eine Verordnung des Europäischen Parlaments und des Rates über Ratingagenturen, S.1, 3-4, 6-7.
[93] Vgl. *Rosenbaum*, Der politische Einfluss von Rating-Agenturen, 2009, S.61.
[94] Vgl. *Fischer zu Cramburg*, Ratingagenturen, NZG 15/2009, S.580, 580; *Deipenbrock*, „Mehr Licht!"?, WM 25/2009, S.1165, 1165.
[95] Vgl. Art. 41 RatingVO; *Kurm-Engels*, Der langsame Niedergang der großen Ratingagenturen, Handelsblatt 219/2010, S.36, 36.

gistrierungspflicht für die in der EU tätigen Agenturen[96] sowie eine sehr weitreichende Aufsichtsbefugnis der jeweils zuständigen Behörde.[97] So dürfen nur noch solche Agenturen EU-weit tätig werden, welche beim CESR registriert sind und somit die Regelungen der RatingVO anerkennen.

Die Verordnung ist in vier Titel unterteilt. Den Ausführungen folgen zwei Anhänge.
Der erste Titel setzt sich mit dem Gegenstand, dem Geltungsbereich sowie den Begriffsbestimmungen auseinander. Er umfasst die Art. 1 - 5.
Die Art. 6 - 13 stellen den zweiten Titel dar, welcher auf die Abgabe von Ratings an sich eingeht. In diesem Zusammenhang werden Anforderungen an die Agenturen gestellt, um die Ratings unabhängig, transparent und qualitativ hochwertig zu gestalten.
Titel drei umfasst die Art. 14 - 35, ist jedoch in vier Unterkapitel geteilt.
Die Art. 14 - 20 machen Kapitel eins aus. Der Kernpunkt dieses Kapitels ist das vorgesehene Registrierungsverfahren und dessen Umsetzung.
Daraufhin folgt mit den Art. 21 - 25 das zweite Kapitel, welches das CESR und die zuständigen Behörden thematisiert. Hier werden die Befugnisse der zuständigen Behörden sowie deren Aufsichtsmaßnahmen festgeschrieben.
Kapitel drei mit den Art. 26 - 33 beschreibt die Zusammenarbeit zwischen den zuständigen Behörden. So ist ein Informationsaustausch wie auch eine Pflicht zur Zusammenarbeit vorgesehen, um Doppelarbeit zu verhindern.
Nicht zuletzt folgt das kurze Kapitel vier, das lediglich die Art. 34 und 35 beeinhaltet. In diesem Kapitel wird die Zusammenarbeit mit Drittländern erläutert.
Am Ende der Verordnung an sich steht Titel vier mit den Art. 36 - 41, welcher wiederum in zwei Unterkapitel gegliedert ist.
Kapitel eins, also Art. 36 - 39, befasst sich mit den Sanktionen, Ausschussverfahren und der Berichterstattung durch die RatingVO.
In Kapitel zwei sind in den Art. 40 und 41 abschließende Übergangs- und Schlussbestimmungen festgeschrieben.
Dem Art. 41 folgt Anhang 1, welcher die Unabhängigkeit und die Vermeidung von Interessenkonflikten zum Thema hat. Er ist dabei in fünf Abschnitte unterteilt.
Abschnitt A stellt organisatorische Anforderungen an Ratingagenturen, wohingegen Ab-

---

[96] geregelt in Art. 14 der RatingVO.
[97] geregelt in Art. 24 und 25 der RatingVO.

schnitt B operationelle Anforderungen enthält. Auf Regelungen dieser Abschnitte wird im Verlauf der Arbeit in Kapitel 4.4 tiefer eingegangen.

Vorschriften für Ratinganalysten und sonstige direkt an Ratingtätigkeiten beteiligte Personen finden sich in Abschnitt C.

Abschnitt D enthält Anordnungen für die Präsentation von Ratings und Abschnitt E rundet den Anhang 1 mit Angaben, welche die Agenturen offenzulegen haben, ab.

Den Schlusspunkt der Verordnung setzt Anhang 2, welcher sich mit den für den Antrag auf Registrierung beizubringenden Informationen auseinandersetzt.

4.2 Umsetzung der RatingVO in Deutschland

Obwohl eine Verordnung unmittelbar geltendes Recht ist und eigentlich nicht in nationales Recht umgesetzt werden muss, wurde am 18. Juni 2010 das deutsche Ausführungsgesetz zur EU-RatingVO erlassen. Um die Normen der RatingVO aufzunehmen, wurden schon bestehende Gesetze ergänzt.

Ein wichtiger Punkt war die Modifikation des WpHG. Sofern in der RatingVO keine abweichenden Regelungen getroffen sind, sollen die ersten zwei Abschnitte des WpHG in großen Teilen auch auf Ratingagenturen Anwendung finden. Außerdem wurde ein neuer Abschnitt 3a mit dem Titel Ratingagenturen eingefügt. In diesem Abschnitt wird in § 17 WpHG beispielsweise festgelegt, welche Behörde in Deutschland zuständig ist, in welcher Sprache die Anträge auf Registrierung einzureichen sind und dass jährlich eine Prüfung durch beauftragte Wirtschaftsprüfer stattfinden soll. Ferner wurde der Ordnungswidrigkeitenkatalog des § 39 WpHG durch die Absätze 2a und 3a erweitert. In der RatingVO ist in Art. 22 Abs. 1 geregelt, dass jeder Mitgliedsstaat der EU bis zum 7. Juni 2010 eine zuständige Behörde bestimmen musste, welche für die Einhaltung der RatingVO in Deutschland zuständig ist. Dazu wurde deutschlandweit die BaFin bestimmt.

Der zweite Teil enthält die Änderung des FinDAG. Die Neuerungen waren jedoch nicht gravierend. Lediglich in § 15 Abs. 1 S. 1 FinDAG wurde eine neue Nummer 11 angehängt. Sie besagt, dass Kosten, die der BaFin auf Grund einer öffentlichen Bekanntmachung im Sinne des Art. 24 Abs. 1 Ziff. e der RatingVO entstehen, vom betroffenen Unternehmen selbst zu tragen sind.

Im Zuge dieser Umarbeitungen wurden auch allgemeine Inhalte[98] die im WpHG und FinDAG noch zu ändern waren, bearbeitet.[99]

4.3 Anwendungsbereich der RatingVO

Der Geltungs- bzw. Anwendungsbereich der RatingVO ist in den Art. 2, 4 und 5 geregelt.

Nach Art. 2 Abs. 1 findet die Verordnung auf solche Ratings Anwendung, „die von in der Gemeinschaft registrierten Ratingagenturen abgegeben und der Öffentlichkeit bekannt gegeben oder an Abonnenten weitergegeben werden".[100] Durch diese Definition ausgeschlossen sind somit Ratings von Agenturen, die außerhalb der EU tätig sind, denn diese unterliegen nicht der Registrierungspflicht nach Art. 14. Darüber hinaus gilt die Verordnung auch nicht für Bewertungen, welche lediglich zu Selbstzwecken erstellt werden, was typischerweise bei internen Ratings[101] der Fall ist.

Art. 2 Abs. 2 schließt darüber hinaus in vier Ziffern weitere spezifische Formen des Ratings aus. Damit werden der Verhältnismäßigkeitsgrundsatz und das Subsidiaritätsprinzip eingehalten.[102]

Insbesondere private Ratings, die auf einem Einzelauftrag basieren und nur vom Beauftragenden selbst verwendet werden, unterliegen nach Ziff. a nicht den Bestimmungen der Verordnung.[103] Hier ist eine Art Wiederholung zu Abs. 1 zu sehen, in dem solche internen Ratings[104] bereits ausgeschlossen wurden.

Ebenso ausgenommen sind nach Ziff. b „Kreditpunktebewertungen, Credit-Scoring-Systeme und vergleichbare Bewertungen, die sich auf Verpflichtungen beziehen, die sich aus Beziehungen zu Verbrauchern oder aus geschäftlichen oder gewerblichen Beziehungen

---

[98] z.B. Anpassung der Inhaltsübersicht und der Nummerierung im Gesetzestext sowie Verbesserung von Kommasetzungsfehlern.
[99] Für den gesamten Abschnitt vgl. Ausführungsgesetz zur Verordnung (EG) Nr. 1060/2009 des Europäischen Parlaments und des Rates vom 16. September 2009 über Ratingagenturen; *Deipenbrock*, Das europäische Modell einer Regulierung von Ratingagenturen, RIW 9/2010, S.612, 616; *Stemper*, Rechtliche Rahmenbedingungen des Ratings, S.408-419.
[100] Art. 2 Abs. 1.
[101] In diesem Fall sind interne Ratings gemeint, die nicht an den Kreditnehmer kommuniziert werden.
[102] Vgl. Erwägungsgrund 75.
[103] Vgl. auch Erwägungsgrund 19.
[104] Hierunter fallen allerdings solche internen Ratings, die dem Kreditnehmer kommuniziert werden.

ergeben".[105] Damit fallen sogenannte „credit registers" weg, welche häufig von Zentralbanken in Zusammenarbeit mit Privatbanken angeboten werden. Deren Dienstleistung besteht darin, Ratings zu sammeln, zu beaufsichtigen und zum Abruf bereit zu stellen.[106]

Ziff. c gliedert Ratings aus, die von Exportversicherungsagenturen erstellt werden und dem Anhang VI Teil 1 Nr. 1.3 der Eigenkapitalrichtlinie unterliegen. Viele Länder haben Modelle anhand derer Kreditversicherungen erstellt werden. Auch die Finanzierung durch Kredite für Exporte läuft teilweise über solche Modelle. Die eingerichteten Stellen werden Exportversicherungsagenturen genannt. Obwohl jedes Land die Kriterien selbstständig festlegen kann, herrscht doch ein gemeinsamer Nenner, der mit dem OECD ausgehandelt wurde. Die Modelle beruhen auf der Zusammenstellung vieler Ratings aus der Vergangenheit und sagen daher etwas über die benötigte Höhe der Versicherung oder Kredite aus.[107]

Nicht zuletzt werden in Ziff. d auch bestimmte Ratings von Zentralbanken ausgeschlossen. Dies ist der Fall, wenn keine Bezahlung durch das bewertete Unternehmen stattfindet, das Ergebnis nicht veröffentlicht wird, eine angemessene Integrität und Unabhängigkeit gewährleistet ist und sich die Bewertungen „nicht auf Finanzinstrumente beziehen, die von den Mitgliedsstaaten der betreffenden Zentralbanken ausgegeben wurden".[108] Welche Zentralbanken unter diese Regelung fallen, wird nach Abs. 4 auf der Homepage der Europäischen Kommission veröffentlicht.

Um nicht mit bestehendem Gemeinschaftsrecht[109] zu kollidieren, regelt Abs. 3, dass Agenturen, welche als ECAI im Sinne der Richtlinie 2006/48/EG anerkannt werden wollen, diesen Antrag fortan bei der CESR einreichen müssen. Das bewährte Verfahren soll dabei nicht ersetzt werden.[110]

Abs. 4 der Verordnung besagt, dass die Europäische Kommission auf Antrag eines EU-Staates prüfen muss, ob für eine bestimmte Zentralbank die Voraussetzungen nach Abs.2

---

[105] Art. 2 Abs. 2 Ziff. b; vgl. auch die Erwägungsgründe 7 und 8.
[106] *BIS*, Credit Ratings and Complementary Sources of Credit Quality Information, S.4.
[107] *BIS*, Credit Ratings and Complementary Sources of Credit Quality Information, S.4-5.
[108] Art. 2 Abs. 2 Ziff. d.
[109] Hier sind insbesondere die Regelungen um Basel II zu beachten.
[110] Vgl. Erwägungsgrund 44.

vorliegen, um so deren einheitliche Anwendung zu gewährleisten.

Ein weiterer Anwendungsbereich ergibt sich aus Art. 4 Abs. 1 2. Unterabsatz. Nach diesem sollen veröffentlichte Prospekte im Sinne der Richtlinie 2003/71/EG und der Verordnung (EG) Nr. 809/2004 Informationen über die Herkunft[111] und den Registrierungsstatus der Ratingagentur enthalten, wenn dieser Prospekt Verweise auf mindestens ein Rating enthält.

Ausgeweitet wird die Geltung der Verordnung weiterhin durch den restlichen Art. 4. Eine in der EU registrierte Agentur kann Ratings aus einem Drittland übernehmen, sofern sie nachweisen kann, dass die übernommenen Ratings gewissen Anforderungen genügen.[112] Als Mindestanforderung müssen beispielsweise die Art. 6 - 12 eingehalten sein. Auch eine Kontrolle dieser Anforderungen muss für die zuständige Behörde jederzeit möglich sein. Ebenso müssen dieser auf Verlangen alle benötigten Informationen ausgehändigt werden. Nicht zuletzt muss ein objektiver Grund vorliegen, warum das übernommene Rating in einem Drittland erstellt wurde. Hat eine registrierte Agentur ein solches Rating übernommen, haftet sie für dieses nach Art. 4 Abs. 5 uneingeschränkt.[113] So wird eine Umgehung der Vorschriften der RatingVO verhindert.[114] Das übernommene Rating muss gemäß Art. 4 Abs. 2 auch besonders gekennzeichnet werden.[115] Tiefergehende Regelungen zu Ratings aus Drittländern sind außerdem in Art. 5 geregelt, um Gleichwertigkeit mit den EU-Ratings zu erreichen.[116]

4.4 Anforderungen der RatingVO an Ratingagenturen zur Vermeidung von Interessenkonflikten

Da die Ratingagenturen einen großen Markteinfluss haben und ihnen immenses Vertrauen seitens der Anleger und Verbraucher entgegengebracht wird, ist es unumgänglich, dass die Ratings „unabhängig, objektiv und von angemessener Qualität sind".[117] Den Agen-

---

[111] Von Bedeutung ist hier die Frage, ob ein Rating aus der EU vorliegt oder nicht.
[112] Vgl. Art. 4 Abs. 3.
[113] Vgl. auch die Erwägungsgründe 13-18.
[114] Vgl. Art. 4 Abs. 4 2. Unterabsatz.
[115] Vgl. auch Erwägungsgrund 5.
[116] Für den gesamten Abschnitt vgl. Verordnung (EG) Nr. 1060/2009; *Deipenbrock*, „Mehr Licht!"?, WM 25/2009, S.1165, 1169-1170.
[117] Erwägungsgrund 1.

turen wird durch das Versagen im Bereich der Interessenkonflikte eine Verschärfung der Krise zur Last gelegt, die es zukünftig zu vermeiden gilt.[118] Um die denkbaren Interessenkonflikte unter Punkt 2.3 dieser Arbeit zu verhindern, enthält die RatingVO umfassende Regelungen. Dabei kann gesagt werden, dass sich die Normen unter drei großen Hauptpunkten zusammenfassen lassen. Ein Teil der Regulierung umfasst organisatorische Anforderungen, ein zweiter Teil operationelle und der letzte Teil Anforderungen an die Mitarbeiter und die am Ratingprozess beteiligten Personen.

Art. 6 Abs. 1 enthält eine Regelung, nach der eine Ratingagentur sicherzustellen hat, „dass die Abgabe eines Ratings nicht von bestehenden oder potenziellen Interessenkonflikten oder Geschäftsbeziehungen der Agentur selbst, ihrer Geschäftsleitung, ihrer Ratinganalysten, ihrer Mitarbeiter oder jeder anderen natürlichen Person, deren Leistungen die Ratingagentur in Anspruch nehmen oder die sie kontrollieren kann, oder anderer, über ein Kontrollverhältnis direkt oder indirekt mit ihr verbundener Personen beeinflusst wird".[119] Um diese sehr allgemein gehaltene Vorschrift mit konkreten Empfehlungen auszufüllen, verweist Art. 6 Abs. 2 auf die Anforderungen, welche in Anhang 1 Abschnitte A und B festgelegt sind.

Die Regelung in Art. 7 Abs. 1 ist vergleichbar mit derjenigen in Art. 6 Abs. 1, richtet sich jedoch primär an die Mitarbeiter und sonstigen direkt an Ratingtätigkeiten beteiligten Personen. So stellt eine Ratingagentur sicher, „dass die unmittelbar an den Ratingtätigkeiten beteiligten Ratinganalysten, Mitarbeiter und sonstigen natürlichen Personen, deren Leistungen sie in Anspruch nehmen oder die sie kontrollieren kann, über angemessene Kenntnisse und Erfahrungen für die ihnen zugewiesenen Aufgaben verfügen".[120] Die Vorschrift wird laut Art. 7 Abs. 2 durch Anhang 1 Abschnitt C ergänzt.

Es wird deutlich, dass nicht nur Anforderungen an die Agentur selbst gestellt werden, sondern auch die Mitarbeiter einer starken Überwachung unterliegen. Durch diese breit aufgestellte Kombination sollen sich viele Interessenkonflikte vermeiden lassen.

---

[118] Erwägungsgrund 10.
[119] Art. 6 Abs. 1.
[120] Art. 7 Abs. 1.

4.4.1 Organisatorische Anforderungen

Die organisatorischen Anforderungen an Ratingagenturen zur Vermeidung von Interessenkonflikten sind in Abschnitt A des Anhanges 1 der RatingVO zu finden. Um stets die strukturelle Unabhängigkeit und Richtigkeit der Ratingtätigkeit sicherzustellen, muss die Agentur auf eine bestimmte Art und Weise organisiert sein.[121]

Eine Ratingagentur muss über ein Verwaltungs- oder Aufsichtsorgan verfügen. Dieses muss gewährleisten, dass der Ratingprozess frei von jeglicher politischer und wirtschaftlicher Einflussnahme oder Restriktion gehalten wird. Ferner müssen auftretende Interessenkonflikte angemessen ermittelt, gehandhabt und offengelegt sowie die sonstigen Regelungen der Verordnung eingehalten werden.[122]

In Anhang 1 Abschnitt A Nr. 2 werden Vorgaben an die Qualität der Geschäftsleitung gestellt.
Die Mitglieder der Geschäftsleitung müssen über eine angemessene Qualifikation und Erfahrung verfügen, welche eine solide und umsichtige Führung gewährleistet. Insbesondere Fachkenntnisse im Bereich Finanzdienstleistungen müssen bei der Mehrheit der Mitglieder gegeben sein. Nur so können die komplexen Abläufe während eines Ratingprozesses verstanden und überwacht werden. Falls Ratings für strukturierte Finanzinstrumente abgegeben werden, muss mindestens eine unabhängige Person und ein anderes Mitglied auf leitender Ebene über weitreichende Kenntnisse und Erfahrungen in diesem Marktsegment verfügen.

Um eine einseitige, eingefahrene Herangehensweise zu verhindern, muss ein Drittel der Mitglieder, mindestens jedoch zwei Personen, unabhängig sein. Diese Personen dürfen nicht in die Ratingtätigkeit eingebunden werden. Auch darf deren Vergütung nicht vom geschäftlichen Erfolg der Ratingagentur abhängen, um die Unabhängigkeit zu sichern. Bonuszahlungen, werden hierdurch ebenso unterbunden wie eine variable Vergütung. Die unabhängigen Mitglieder werden für eine bestimmte Zeit ernannt, welche jedoch fünf Jahre nicht übersteigen darf. Eine Verlängerung der Ernennung ist ausgeschlossen, selbst

---

[121] Anhang 1 Abschnitt A Nr. 2.
[122] Anhang 1 Abschnitt A Nr. 1 Ziff. a - c.

wenn der ursprüngliche Ernennungszeitraum kürzer als fünf Jahre lang war.[123] Im Falle eines Fehlverhaltens oder unzureichender Leistungen (und auch nur dann) kann den unabhängigen Mitgliedern das Mandat entzogen werden. Außer diesen allgemeinen Anforderungen kommen auch spezielle Aufgaben auf die unabhängigen Mitglieder zu. Sie haben z.B. die Ratingpolitik zu entwickeln und die Ratingmethode sowie die Wirksamkeit des internen Kontrollsystems zu überwachen. Die gefundenen Ergebnisse müssen dem Verwaltungs- oder Aufsichtsorgan regelmäßig mitgeteilt werden. Auf Verlangen müssen diese Ergebnisse auch der zuständigen Behörde mitgeteilt werden.[124]

Als Garantie für die Einhaltung der RatingVO, muss die Agentur geeignete Strategien und Verfahren festlegen.[125] So muss sie über eine solide Buchhaltung, interne Kontrollmechanismen sowie wirksame Kontroll- und Sicherheitsmechanismen für Datenverarbeitungssysteme verfügen. All diese Punkte müssen klar und lückenlos dokumentiert sein.[126]

Für den Fall, dass eine ständige und wirksame Compliance-Funktion noch nicht geschaffen wurde, ist eine solche zu implementieren.
Der Deutsche Corporate Governance Kodex definiert den Begriff der Compliance in Punkt 4.1.3 wie folgt: „Der Vorstand hat für die Einhaltung der gesetzlichen Bestimmungen und der unternehmensinternen Richtlinien zu sorgen und wirkt auf deren Beachtung durch die Konzernunternehmen hin (Compliance)".[127]
Es ist also ein internes Kontrollsystem einzurichten, welches für die Einhaltung der RatingVO sowie sonstiger interner Richtlinien sorgt.
Die Funktion muss unabhängig sein und erstattet über die Einhaltung der RatingVO Bericht. Sie ist für die Überwachung und Bewertung der Anforderungen in Nr. 3 verantwortlich. Ferner steht sie der Geschäftsleitung, den Ratinganalysten sowie den Mitarbeitern beratend und unterstützend zur Seite.[128] Um die Wahrnehmung der Aufgaben ordnungsgemäß und unabhängig zu halten, müssen weitere Voraussetzungen, welche in Nr. 6 festgehalten sind, erfüllt sein. So muss die Funktion z.B. über die notwendigen Befugnisse und Ressourcen verfügen sowie Zugang zu allen relevanten Informationen haben. Auch

---

[123] Vgl. *Europäische Kommission*, Ratingagenturen: Häufig gestellte Fragen (FAQ), S.10.
[124] Für den gesamten Abschnitt vgl. Anhang 1 Abschnitt A Nr. 2; Erwägungsgründe 28, 29 und 30.
[125] Anhang 1 Abschnitt A Nr. 3.
[126] Anhang 1 Abschnitt A Nr. 4; Erwägungsgrund 27.
[127] Punkt 4.1.3 des Deutschen Corporate Governance Kodex.
[128] Für den ganzen Absatz vgl. Anhang 1 Abschnitt A Nr. 5; Erwägungsgrund 26.

muss ein Compliance-Beauftragter ernannt werden, der für die Berichterstattung wie auch die Erkennung und Beseitigung von Interessenkonflikten zuständig ist.[129]

Des Weiteren muss die Agentur organisatorische und administrative Vorkehrungen treffen, um die Anforderungen der Abschnitte B und C des Anhanges 1 einzuhalten und dokumentieren zu können. Denkbare Interessenkonflikte müssen verhindert, erkannt, beseitigt oder bewältigt, offengelegt und anschließend dokumentiert werden.[130] Das Ergebnis der jährlichen internen Überprüfung der Compliance-Funktion ist im Transparenzbericht offenzulegen.[131]

Damit die Ergebnisse aus der Ratingtätigkeit Kontinuität und Regelmäßigkeit aufweisen, muss die Agentur zweckmäßige Systeme, Ressourcen und Verfahren verwenden.[132]

Nicht zuletzt müssen die Ratingagenturen die Angemessenheit und Wirksamkeit der eingeführten Systeme, internen Kontrollmechanismen und -einrichtungen überwachen und bewerten sowie bei Bedarf etwaige Mängel beheben. Dazu ist eine Überprüfungsstelle einzurichten. Sie muss von den für das Rating verantwortlichen Geschäftszweigen unabhängig sein.[133]

Die Einführung eines „whistle blowing"- sowie eines Rotationssystems sind sicherlich auch als organisatorische Anforderungen zu werten, enthalten aber große Teile mitarbeiterbezogener Anforderungen und werden deshalb ausführlich unter Punkt 4.4.3 dieser Arbeit erläutert.[134]

4.4.2 Operationelle Anforderungen

Die operationellen Anforderungen an Ratingagenturen zur Vermeidung von Interessenkonflikten sind in Abschnitt B des Anhanges 1 der RatingVO geregelt. Unter bestimmten Umständen soll es der Agentur nicht oder nur unter besonderen Auflagen möglich sein, Ratings zu erstellen. Hierdurch sollen Interessenkonflikte vermieden werden, welche aus

---

[129] Anhang 1 Abschnitt A Nr. 6.
[130] Anhang 1 Abschnitt A Nr. 7; Erwägungsgründe 26 und 27.
[131] Anhang 1 Abschnitt E Nr. 3.5.
[132] Anhang 1 Abschnitt A Nr. 8.
[133] Anhang 1 Abschnitt A Nr. 9 und 10.
[134] Für den gesamten Abschnitt vgl. auch *Deipenbrock*, „Mehr Licht!"?, WM 25/2009, S.1165, 1170.

der Tätigkeit an sich entstehen.

Eine operationelle Hauptaufgabe der Agenturen besteht darin, bestehende oder potenzielle Interessenkonflikte zu erkennen. Diese sind zu beseitigen oder zu bewältigen sowie klar und unmissverständlich offenzulegen.[135] Insoweit ist keine Erweiterung gegenüber den organisatorischen Anforderungen erkennbar.

Für den Fall, dass die Agentur mehr als 5% ihrer Jahreseinnahmen von einem bewerteten Unternehmen erhält, muss der Name des Unternehmens veröffentlicht werden.[136]

In Nr. 3 sind mehrere Fälle aufgelistet, in welchen eine Agentur kein Rating abgeben darf oder im Falle eines bereits abgegebenen Ratings sofort Mitteilung machen muss. Diese Situation liegt z.B. vor, wenn Ratinganalysten oder andere Mitarbeiter direkt oder indirekt Finanzinstrumente bzw. Eigentumsanteile des bewerteten Unternehmens halten. Dies gilt auch dann, wenn die genannten Personen im Verwaltungs- oder Aufsichtsrat des bewerteten Unternehmens sitzen. Ausgenommen von den Finanzinstrumenten sind verwaltete Fonds wie Pensionsfonds und Lebensversicherungen. Auch wenn ein direktes oder indirektes Kontrollverhältnis nach Art. 3 Abs. 1 Ziff. j vorliegt, darf für das andere Unternehmen kein Rating erstellt werden. Die Agentur entscheidet bei einem bereits abgegeben Rating, ob Gründe für eine Änderung oder den Widerruf des Ratings vorliegen.[137]

Um Interessenkonflikte zu unterbinden, welche aus Nebendienstleistungen herrühren, sollen diese nur in einem klar definierten Rahmen möglich sein. Beratungsdienstleistungen in Bezug auf die Unternehmens- oder Rechtsstruktur, Vermögenswerte, Verbindlichkeiten oder Tätigkeiten des bewerteten Unternehmens sind nicht zulässig. Lediglich Nebendienstleistungen, wie Marktprognosen, Preisanalysen und andere Analysen allgemeiner Daten sowie damit zusammenhängende Verteilungsdienste sollen erlaubt sein. Sollten sich hieraus allerdings Interessenkonflikte ergeben, müssen auch diese Dienstleistungen eingestellt werden. In den Abschlussberichten der Ratings muss schriftlich fixiert sein, ob und wenn ja welche Nebendienstleistungen für das bewertete Unternehmen erbracht

---

[135] Anhang 1 Abschnitt B Nr. 1.
[136] Anhang 1 Abschnitt B Nr. 2.
[137] Anhang 1 Abschnitt B Nr. 3.

wurden.[138] Ferner muss das Verzeichnis über die Nebendienstleistungen offengelegt werden.[139] In diesem Zusammenhang wird häufig von der Errichtung sogenannter „Chinese Walls" gesprochen. Dieses System führt eine Trennung der Ratingtätigkeit von der Beratung herbei, welche vergleichbar mit der Trennung der Wirtschaftsprüfung und der Beratung ist. Die Ratinganalysten sind hierbei, unter Umständen sogar durch ein eigenständiges Unternehmen, von den Beratern getrennt, so dass dadurch Interessenkonflikte vermieden werden können.[140]

Zur Konzeption strukturierter Finanzinstrumenten, zu denen ein Rating erwartet wird, darf die Agentur weder formell noch informell Vorschläge unterbreiten oder Empfehlungen abgeben.[141] Hiermit ist gemeint, dass Agenturen für Finanzprodukte, bei deren Herstellung sie als Berater tätig waren, keine Ratings erstellen dürfen. Dies wurde in der Vergangenheit häufig gegensätzlich gehandhabt.[142]

Ferner hat eine Ratingagentur ihre Berichts- und Kommunikationskanäle in einer Weise zu konzipieren, die die Unabhängigkeit bestimmter Personen von anderen gewerblichen Tätigkeiten der Agentur gewährleistet. Dies gilt insbesondere für Analysten, Mitarbeiter sowie sonstige direkt an Ratingtätigkeiten beteiligte Personen. Auch in diesem Kontext sei wieder auf das System der „Chinese Walls" verwiesen.[143]

Um im Zweifel den Ratingprozess rückwirkend nachvollziehen zu können, müssen angemessene Aufzeichnungen und gegebenenfalls Prüfungspfade geführt werden. Hierbei müssen beispielsweise die beteiligten Ratinganalysten, die Genehmiger des Ratings, die Buchführungsdaten über das erhaltende Entgelt, das festgelegte Verfahren, interne Informationen und viele weitere Daten ersichtlich sein.[144] Diese Aufzeichnungen müssen mindestens fünf Jahre aufbewahrt und auf Verlangen der zuständigen Behörde zur Verfügung gestellt werden. Sofern die Registrierung der Agentur widerrufen wird, sind die Unterlagen weitere drei Jahre aufzubewahren.[145] Dies ist neu, da eine Dokumentationspflicht für

---

[138] Anhang 1 Abschnitt B Nr. 4; Erwägungsgründe 6 und 22.
[139] Anhang 1 Abschnitt E Nr. 1.2.
[140] Vgl. *CESR*, Consultation Paper to technical advice, Nr. 85 S.21, 61-62.
[141] Anhang 1 Abschnitt B Nr. 5; Erwägungsgrund 22.
[142] Vgl. *Balzli / Hornig*, Die Krisen-Verschärfer, Der Spiegel 19/2009, S.64, 66.
[143] Anhang 1 Abschnitt B Nr. 6.
[144] Anhang 1 Abschnitt B Nr. 7.
[145] Anhang 1 Abschnitt B Nr. 8.

Ratingagenturen mangels einer anwendbaren Rechtsgrundlage bislang nicht existierte.[146]

Unterlagen, in denen die Rechte und Pflichten der Vertragsparteien festgelegt wurden, sind mindestens für die Dauer der Beziehung aufzubewahren.[147] Die Beschreibung der angewandten Archivierungspolitik ist im Transparenzbericht offenzulegen.[148]

Die Regelungen zum Umgang mit vertraulichen Informationen fallen auch unter die operationellen Anforderungen, enthalten aber große Teile mitarbeiterbezogener Anforderungen, weshalb diese in Punkt 4.4.3 dieser Arbeit aufgegriffen werden.[149]

4.4.3 Anforderungen an Mitarbeiter und die am Ratingprozess beteiligten Personen

Häufig werden Interessenkonflikte vorsätzlich durch das Verhalten einzelner Mitarbeiter hervorgerufen. Um das zu verhindern, werden in Art. 7 sowie Anhang 1 Abschnitte B und C weitgehende Anforderungen an die Mitarbeiter und an die am Ratingprozess beteiligten Personen gestellt.

Zwei essentielle Regelungen wurden bereits unter Punkt 4.4.2 dieser Arbeit angesprochen. Anhang 1 Abschnitt B Nr. 1 und 3 enthalten Vorschriften, die auch als Anforderungen an Mitarbeiter zu sehen sind. Für den Inhalt dieser Vorschriften sei auf die vorherigen Ausführungen unter Punkt 4.4.2 verwiesen.

In Art. 7 Abs. 4 ist ein Rotationssystem für Ratinganalysten und solche Personen vorgesehen, die Ratings gemäß Anhang 1 Abschnitt C bestätigen. Dabei werden jedoch nur einzelne Analysten ausgewechselt, nicht das gesamte Team.[150] Führende Analysten dürfen längstens vier Jahre lang für das gleiche Unternehmen tätig sein, Ratinganalysten fünf Jahre und Personen, die Ratings genehmigen sieben Jahre. Erst nach zwei Jahren dürfen diese Personen wieder für das Unternehmen Ratings erstellen.[151] Dadurch soll verhindert werden, dass das gleiche Analyseteam über Jahre hinweg die gleichen Unternehmen

---

[146] Vgl. *CESR*, Consultation Paper to technical advice, Nr. 149 S.35.
[147] Anhang 1 Abschnitt B Nr. 9.
[148] Anhang 1 Abschnitt E Nr. 3.4.
[149] Für den gesamten Abschnitt vgl. auch *Deipenbrock*, „Mehr Licht!"?, WM 25/2009, S.1165, 1170-1171.
[150] Art. 7 Abs. 4; Erwägungsgrund 33.
[151] Anhang 1 Abschnitt C Nr. 8.

bewertet. Eine Beschreibung der Rotationspolitik ist im Transparenzbericht offenzulegen.[152]

Weiterhin darf die Vergütung von Ratinganalysten und Personen, die Ratings genehmigen, nicht von den Einkünften aus dem generierten Rating abhängen.[153] Andernfalls wäre der Anreiz hoch, ein möglichst gutes Rating zu generieren, damit der Kunde, also das bewertete Unternehmen, zufrieden ist, weitere Ratings beauftragt und dem Mitarbeiter dadurch mehr Vergütung zufließt. Die allgemeinen Grundsätze für die Mitarbeitervergütung legt die Agentur in ihren allgemeinen Angaben offen.[154]

Ratinganalysten und Mitarbeiter der Agentur sowie sonstige direkt an Ratingtätigkeiten beteiligte Personen dürfen sich in keinster Weise an Geschäften mit Finanzinstrumenten beteiligen, sofern diese vom bewerteten Unternehmen in irgendeiner Art gefördert werden und das Unternehmen die primäre Zuständigkeit dieser Person darstellt. Ausgenommen davon sind Beteiligungen an gemeinsamen Anlagen einschließlich verwaltete Fonds wie Pensionsfonds und Lebensversicherungen.[155]

Unter bestimmten Voraussetzungen dürfen die Ratinganalysten, Mitarbeiter und sonstigen direkt an Ratingtätigkeiten beteiligten Personen nicht an der Festlegung eines Ratings beteiligt sein. Dies ist beispielsweise der Fall, wenn die Person Finanzinstrumente des Unternehmens besitzt, welche nicht aus dem Geltungsbereich ausgenommen sind. Dazu reicht bereits der Besitz von Finanzinstrumenten eines in Verbindung zu dem bewerteten Unternehmen stehenden Unternehmens aus, sofern hierdurch Interessenkonflikte hervorgerufen werden können oder die Tatsache an sich nach allgemeiner Auffassung konfliktträchtig ist. Allerdings fehlt eine Konkretisierung, was unter allgemeiner Auffassung als konfliktträchtig anzusehen ist. Auch wenn die Person kurz zuvor noch bei dem bewerteten Unternehmen tätig war, kann von einer Unabhängigkeit in den meisten Fällen nicht ausgegangen werden.[156]

Die Agenturen müssen sicherstellen, dass die oben genannten Personen Sorge dafür tra-

---

[152] Anhang 1 Abschnitt E Nr. 3.6.
[153] Art. 7 Abs. 5.
[154] Anhang 1 Abschnitt E Nr. 1.4.
[155] Anhang 1 Abschnitt C Nr. 1.
[156] Anhang 1 Abschnitt C Nr. 2.

gen, dass das Eigentum und die Aufzeichnungen der Agentur vor Betrug, Diebstahl oder Missbrauch geschützt sind. Informationen bezüglich des Ratings dürfen nur dann veröffentlicht werden, wenn diese für das bewertete Unternehmen selbst oder ein mit ihm verbundenes Unternehmen bestimmt sind. Vertrauliche Informationen dürfen an keine Person weitergegeben werden, „deren Dienstleistungen einer Person bereitgestellt werden oder von dieser kontrolliert werden, die direkt oder indirekt mit der Agentur über ein Kontrollverhältnis verbunden und unmittelbar an Ratingtätigkeiten beteiligt ist".[157] Denkbar ist auch in diesem Zusammenhang wieder eine Errichtung einer „Chinese Wall". Nicht zuletzt dürfen Informationen, die im Rahmen des Ratingprozesses benötigt werden, nicht für den Handel mit Finanzinstrumenten verwendet oder weitergegeben werden. Die Personen sollen den Informationsvorsprung gegenüber den anderen Anlegern nicht finanziell ausnutzen dürfen.[158]

Ganz klar ausgeschlossen ist die Annahme von Geld, Geschenken oder sonstigen Vorteilen von einer Person, mit der die Agentur in einem Geschäftsverhältnis steht.[159] Schmiergelder jeglicher Art sind deutlich untersagt. Allerdings bleibt abzuwarten, ob tatsächlich ein komplettes Verbot gewünscht ist oder ob nicht ein Höchstwert festgelegt wird, bis zu welchem solche Zuwendungen möglich sein sollen.

Für den Fall, dass ein Ratinganalyst sein Arbeitsverhältnis beendet und bei einem bewerteten Unternehmen tätig wird, an dessen Rating er beteiligt war, überprüft die Agentur über weitere zwei Jahre nach Weggang die Arbeit des Analysten im neuen Unternehmen.[160]

Ratinganalysten, Mitarbeiter und sonstige direkt an Ratingtätigkeiten beteiligte Personen dürfen sechs Monate nach dem Rating keine Schlüsselposition in der Geschäftsführung eines bewerteten Unternehmens annehmen.[161]

Des Weiteren werden im Transparenzbericht Statistiken über das Personal veröffentlicht. Dabei sind die Bereiche neue Ratings, Überprüfung von Methoden- oder Modellbewer-

---

[157] Anhang 1 Abschnitt C Nr. 3 Ziff. c.
[158] Anhang 1 Abschnitt C Nr. 3.
[159] Anhang 1 Abschnitt C Nr. 4.
[160] Anhang 1 Abschnitt C Nr. 6.
[161] Anhang 1 Abschnitt C Nr. 7.

tungen sowie Geschäftsführung abzudecken.[162]

Eine der fundamentalsten Neuerungen in Bezug auf mitarbeiterbezogene Anforderungen findet sich in Anhang 1 Abschnitt C Nr. 5. Hier ist eine Pflicht der Mitarbeiter zum „whistle blowing" festgeschrieben. Wenn einem Mitarbeiter Unstimmigkeiten oder seiner Meinung nach illegale Tätigkeiten auffallen, hat er dies unverzüglich dem Compliance-Beauftragten mitzuteilen. Ein Nachteil für den meldenden Mitarbeiter darf nicht entstehen.[163] Hierdurch soll die Verantwortung der einzelnen Mitarbeiter gestärkt werden.[164]

4.5 Unterschiede zwischen großen und kleinen Agenturen

Da der Markt von drei großen Agenturen dominiert wird, sollen kleinere Agenturen nach Art. 6 Abs. 3 unter bestimmten Voraussetzungen von einigen Regelungen der RatingVO ausgenommen werden. So soll die Marktposition der kleinen Agenturen gestärkt werden.

Eine Agentur kann von den Regelungen in Anhang 1 Abschnitt A Nr. 2, 5 und 6 sowie Art. 7 Abs. 4 befreit werden. Dies betrifft die Regelungen über unabhängige Mitglieder im Verwaltungs- oder Aufsichtsorgan, die Einrichtung einer Compliance-Funktion sowie die Einführung eines Rotationssystems. Allerdings müssen für eine solche Ausnahme mehrere Voraussetzungen erfüllt sein.

Zuerst muss die Agentur nachweisen, dass die eben genannten Regelungen „angesichts der Art, des Umfangs und der Komplexität ihrer Geschäfte sowie der Art und des Spektrums der von ihr abgegebenen Ratings unverhältnismäßig sind".[165] Weiterhin darf die Agentur nicht mehr als 49 Mitarbeiter beschäftigen und muss Maßnahmen und Verfahren eingeführt haben, welche die Unabhängigkeit der Analysten und Genehmiger der Ratings wie auch die Zielerreichung der RatingVO garantieren. Vor allem sollen die Agenturen nicht von der Errichtung interner Kontrollmechanismen freigesprochen werden. Schließlich darf die Größe der Agentur nicht bewusst so kalkuliert sein, dass die Regelungen der RatingVO umgangen werden können.

---

[162] Anhang 1 Abschnitt E Nr. 3.3.
[163] Anhang 1 Abschnitt C Nr. 5.
[164] Für den gesamten Abschnitt vgl. auch *Deipenbrock*, „Mehr Licht!"?, WM 25/2009, S.1165, 1171.
[165] Art. 6 Abs. 3.

Sofern nicht eine einzelne Ratingagentur diesen Antrag auf Befreiung stellt, sondern eine Gruppe von Ratingagenturen, hat die zuständige Behörde sicherzustellen, dass mindestens eine Agentur der Gruppe nicht von den betroffenen Normen befreit wird.[166]

---

[166]Für den gesamten Abschnitt vgl. Art. 6 Abs. 3; Erwägungsgrund 32.

5 Fazit und Ausblick

Wie in dieser Arbeit deutlich sichtbar wurde, war die Aktivität der Ratingagenturen, insbesondere EU-weit, nur rudimentär geregelt. In der Krise zeigte sich dies als großes Manko. Daher stellte der Erlass der RatingVO einen bedeutenden Schritt in Richtung der Finanzmarktsicherheit und -stabilität dar. Allerdings muss auch gesehen werden, dass einige Themengebiete weiterhin unzureichend reguliert bleiben.

Insbesondere in Hinblick auf die aktuellen Entwicklungen in den USA bleibt abzuwarten, ob die Agenturen tatsächlich unabhängig von politischem Einfluss handeln, wie es in Anhang 1 Abschnitt A Nr. 1 Ziff. a der RatingVO vorgesehen ist. Dafür müssten sie in nächster Zeit eine Herabstufung der USA vornehmen, um der tatsächlichen Situation Rechnung zu tragen. Hier muss abgewartet werden, was die Zukunft bringt.

Ein Problem, welches in der Verordnung geregelt wurde, ist das Verbot von Schmiergeldtransaktionen.[167] Fraglich ist jedoch, ob durch eine formale Regelung solche Praktiken unterbunden werden können. Diese waren auch vor dem Erlass der Verordnung durch andere Gesetze, wie beispielsweise das Strafgesetzbuch in Deutschland, untersagt. Auch hier bleibt nur der Blick in die Zukunft.

Wichtig ist es für die nächsten Jahre, den Wettbewerb auf dem Markt der Ratingagenturen zu stärken. Dies dürfte jedoch angesichts der Etablierung der großen drei Agenturen schwer werden. Hier wurde durch die RatingVO eine Erleichterung für die kleinen Agenturen geschaffen, indem diese von bestimmten Regelungen der Verordnung ausgenommen sind.

Die Problematik der Finanzierung von Ratings wurde durch die Verordnung nicht angegangen. Es sollen weiterhin die zu bewertenden Unternehmen die Kosten des Ratings tragen, was zu Interessenkonflikten führen kann.[168] Eine Option könnte in diesem Zusammenhang die Kostenübernahme der Ratings durch den Investor selbst sein.

Auch unbeauftragte Ratings wurden im Rahmen der Verordnung nicht ausreichend the-

---

[167]Vgl. Anhang 1 Abschnitt C Nr. 4.
[168]Vgl. Kapitel 2.3.

matisiert. Der Druck auf die Unternehmen, ein Rating zu beauftragen, bleibt nach wie vor bestehen.

Jede Ratingagentur ist auch ein Unternehmen mit eigener Gewinnerzielungsabsicht. Um die Menge an zu bewertenden Unternehmen konstant zu halten bzw. auszubauen ist es denkbar, dass unangemessen gute Ratings ausgegeben werden. Dieser Punkt wurde in der neuen Verordnung nicht in Angriff genommen.

Ein weiterer Punkt, welcher in Zukunft behandelt werden muss, ist das sogenannte „rating shopping". Die Unternehmen lassen so viele verschiedene Ratings bei diversen Agenturen erstellen, bis eines dabei ist, was ihren Vorstellungen entspricht. Momentan läuft die Regulierung über einen Appell an die Moral der Unternehmen, allerdings besteht hier großer Regelungsbedarf.[169]

Trotz aller Lücken, die noch nicht geregelt wurden, ist zu sehen, dass durch die Verordnung der Grundstein für eine europaweite Regulierung gelegt wurde. Auch wurde ein Bewusstsein für diese Thematik geschaffen. Gerade in der heutigen Zeit ist deutlich, dass weiter an dem Thema gearbeitet und reguliert werden muss.
Aus diesem Grund wurde die CESR zum 1. Januar 2011 durch die ESMA (European Supervisory Authority (Securities and Markets)) ersetzt. Sie wurde im Rahmen der Einführung eines europäischen Systems für die Finanzaufsicht (ESFS) gegründet. Die Kommission hat am 3. Juni 2010 einen Änderungsvorschlag für die RatingVO eingebracht, der einer Verbesserung der europaweiten Aufsicht über Ratingagenturen dienen soll. Besonders hervorzuheben ist hier der Vorschlag der ESMA-VO, nach dem die ESMA die zentrale Aufsicht über die EU-weit tätigen Ratingagenturen haben soll.[170] Durch die zentrale Rolle der ESMA würde der Abstimmungsbedarf zwischen den verschiedenen Institutionen abnehmen.[171]

Diese Arbeit möchte ich mit einem Gedanken von Herrn Blaurock beenden: Ob ein Sys-

---

[169] Vgl. *Dönch / Körer / Borst*, Wie die untoten Vampire, Focus 27/2010, S.100, 102; *Osman*, Ratingriese umgarnt Aufseher, Handelsblatt 19/2011, S.34, 34.
[170] Für den ganzen Absatz vgl. *Deipenbrock*, Das europäische Modell einer Regulierung von Ratingagenturen, RIW 9/2010, S.612, 617; *Unbekannter Autor*, EU-Aufsicht soll Agenturen ab 2011 überwachen, Handelsblatt 235/2010, S.36, 36.
[171] Vgl. *Möllers*, Auf dem Weg zu einer neuen europäischen Finanzmarktaufsichtsstruktur, NZG 8/2010, S.285, 288.

tem funktioniert, zeigt sich in der Krise.[172] Es gilt also die nächste Krise abzuwarten.

---

[172]Vgl. *Blaurock*, Verantwortlichkeit von Ratingagenturen, ZGR 36/2007, S.603, 641.

Quellenverzeichnis

Achleitner, Ann-Kristin /   Handbuch Ratingpraxis, Wiesbaden 2004
Everling, Oliver (Hrsg.)   (zitiert: *Bearbeiter*, in Achleitner / Everling
    (Hrsg.), Handbuch Ratingpraxis)

Achleitner, Ann-Kristin /   Rechtsfragen im Rating, Wiesbaden 2005
Everling, Oliver (Hrsg.)   (zitiert: *Bearbeiter*, in Achleitner / Everling
    (Hrsg.), Rechtsfragen im Rating)

von Baltzer, Christoph   Rating-Agenturen an die Kandare,
    Versicherungswirtschaft 24/2009, S.1907

Balzli, Beat / Hornig,   Die Krisen-Verschärfer,
Frank   Der Spiegel 19/2009, S.64 ff.

Bank for International   Credit Ratings and Complementary Sources of
Settlements   Credit Quality Information,
    online abrufbar unter
    http://www.bis.org/publ/bcbs_wp3.pdf
    (letzter Abruf: 23. Februar 2011)

Basler Ausschuss für   Internationale Konvergenz der Kapitalmessung
Bankenaufsicht   und Eigenkapitalanforderungen,
    online abrufbar unter
    http://www.bundesbank.de/download/banken
    aufsicht/pdf/eigenkapitalempfehlung_de.pdf
    (letzter Abruf: 23. Februar 2011)

Bastian, Nicole   Ratings - Das warnende Beispiel Japans,
    Handelsblatt 20/2011, S.8

Bauer, Denise Alessandra	Ein Organisationsmodell zur Regulierung der Rating-Agenturen: Ein Beitrag zur regulierten Selbstregulierung am Kapitalmarkt, Baden-Baden 2009
Blaurock, Uwe	Verantwortlichkeit von Ratingagenturen - Steuerung durch Privat- oder Aufsichtsrecht?, Zeitschrift für Unternehmens- und Gesellschaftsrecht 36/2007, S.603 ff.
Committee of European Securities Regulators	Consultation Paper to CESR's technical advice to the European Commission on possible measures concerning credit rating agencies, online abrufbar unter http://www.esma.europa.eu/popup2.php?id=2579 (letzter Abruf: 23. Februar 2011) (zitiert: *CESR*, Consultation Paper to technical advice)
Committee of European Securities Regulators	Press Release, European Commission Issues an Additional Request to Review the Role of Credit Rating Agencies, online abrufbar unter http://www.cesr-eu.org/popup2.php?id=4761 (letzter Abruf: 23. Februar 2011) (zitiert: *CESR*, Press Release)
Committee of European Securities Regulators	CESR's technical advice to the European Commission on possible measures concerning credit rating agencies, online abrufbar unter http://www.cesr-eu.org/popup2.php?id=3157 (letzter Abruf: 23. Februar 2011) (zitiert: *CESR*, technical advice)

Deipenbrock, Gudula	Aktuelle Rechtsfragen zur Regulierung des Ratingwesens, Wertpapiermitteilungen, Zeitschrift für Wirtschafts- und Bankenrecht 6/2005, S.261 ff. (zitiert: *Deipenbrock,* Aktuelle Rechtsfragen zur Regulierung des Ratingwesens)
Deipenbrock, Gudula	Ausgewählte Rechtsaspekte einer „Anerkennung" von Ratingagenturen im Rahmen der Umsetzung der Basel II-Übereinkunft in europäisches Recht, Wertpapiermitteilungen, Zeitschrift für Wirtschafts- und Bankenrecht 48/2006, S.2237 ff. (zitiert: *Deipenbrock,* Ausgewählte Rechtsaspekte einer „Anerkennung" von Ratingagenturen)
Deipenbrock, Gudula	Das europäische Modell einer Regulierung von Ratingagenturen - aktuelle praxisrelevante Rechtsfragen und Entwicklungen, Recht der Internationalen Wirtschaft 9/2010, S.612 ff. (zitiert: *Deipenbrock,* Das europäische Modell einer Regulierung von Ratingagenturen)
Deipenbrock, Gudula	Externes Rating - "Heilsversprechen für internationale Finanzmärkte"?, Betriebsberater 36/2003, S.1849 ff. (zitiert: *Deipenbrock,* Externes Rating)

Deipenbrock, Gudula	„Mehr Licht!"? - Der Vorschlag einer europäischen Verordnung über Ratingagenturen, Wertpapiermitteilungen, Zeitschrift für Wirtschafts- und Bankenrecht 25/2009, S.1165 ff. (zitiert: *Deipenbrock,* „Mehr Licht!"?)
Deipenbrock, Gudula	Der US-amerikanische Rechtsrahmen für das Ratingwesen - ein Modell für die europäische Regulierungsdebatte?, Wertpapiermitteilungen, Zeitschrift für Wirtschafts- und Bankenrecht 48/2007, S.2217 ff. (zitiert: *Deipenbrock,* Der US-amerikanische Rechtsrahmen für das Ratingwesen)
Deipenbrock, Gudula	Was ihr wollt oder der Widerspenstigen Zähmung? - Aktuelle Entwicklungen der Regulierung von Ratingagenturen im Wertpapierbereich, Betriebsberater 39/2005, S.2085 ff. (zitiert: *Deipenbrock,* Was ihr wollt oder der Widerspenstigen Zähmung?)
Dönch, Uli / *Körner, Andreas /* *Borst, Stefan*	„Wie die untoten Vampire", Focus 27/2010, S.100 ff.
Eisen, Mathias	Haftung und Regulierung internationaler Rating-Agenturen, Frankfurt am Main 2007

Europäische Kommission	Mandate to ESME for advice: Role of credit rating agencies, online abrufbar unter http://ec.europa.eu/internal_market/securities/docs/esme/28112007_mandates_en.pdf (letzter Abruf: 23. Februar 2011) (zitiert: *Europäische Kommission*, Mandate to ESME for advice)
Europäische Kommission	Mitteilung der Kommission über Rating-Agenturen, online abrufbar unter http://eur-lex.europa.eu/LexUriServ/LexUriServ.do?uri=OJ:C:2006:059:0002:0006:DE:PDF (letzter Abruf: 23. Februar 2011) (zitiert: *Europäische Kommission*, Mitteilung der Kommission über Rating-Agenturen)
Europäische Kommission	Ratingagenturen: Häufig gestellte Fragen (FAQ), online abrufbar unter http://europa.eu/rapid/pressReleasesAction.do?reference=MEMO/08/691&format=HTML&aged=1&language=DE&guiLanguage=en (letzter Abruf: 23. Februar 2011) (zitiert: *Europäische Kommission*, Ratingagenturen: Häufig gestellte Fragen (FAQ))

Europäische Kommission	Vorschlag für eine Verordnung des Europäischen Parlaments und des Rates über Ratingagenturen, online abrufbar unter http://ec.europa.eu/internal_market/securities/docs/agencies/proposal_de.pdf (letzter Abruf: 23. Februar 2011) (zitiert: *Europäische Kommission*, Vorschlag für eine Verordnung des Europäischen Parlaments und des Rates über Ratingagenturen)
Everling, Oliver	Credit Rating durch internationale Agenturen: Eine Untersuchung zu den Komponenten und instrumentalen Funktionen des Rating, Wiesbaden 1991
Fischer zu Cramburg, Ralf	Ratingagenturen: EU-Parlament verabschiedet Verordnung, Neue Zeitschrift für Gesellschaftsrecht 15/2009, S.580
Fitch Ratings	Code of Conduct, August 2010, online abrufbar unter http://www.fitchratings.com/web_content/credit_policy/code_of_conduct.pdf (letzter Abruf: 23. Februar 2011) (zitiert: *Fitch Ratings*, Code of Conduct)

Fitch Ratings	Corporate Brochure, online abrufbar unter http://www.fitchratings.com/web_content/marcom/corporate_brochure.pdf (letzter Abruf: 23. Februar 2011) (zitiert: *Fitch Ratings*, Corporate Brochure)
Fitch Ratings	Corporate Rating Methodology, 16. August 2010, online abrufbar unter http://www.fitchratings.com/creditdesk/reports/report_frame.cfm?rpt_id=546646 (letzter Abruf: 23. Februar 2011) (zitiert: *Fitch Ratings*, Corporate Rating Methodology)
Fitch Ratings	The History of Fitch Ratings, online abrufbar unter http://www.fitchratings.com/jsp/creditdesk/AboutFitch.faces?context=1&detail=3 (letzter Abruf: 23. Februar 2011) (zitiert: *Fitch Ratings*, The History of Fitch Ratings)
Füser, Karsten / Gleißner, Werner	Rating-Lexikon: 800 Stichwörter mit Fakten und Checklisten rund um Basel II, München 2005
Fuld, Richard	Diese Banker unterschätzten die Finanzkrise, online abrufbar unter http://welt.de/wirtschaft/article2920005/-Diese-Banker-unterschaetzten-die-Finanzkrise.html (letzter Abruf: 23. Februar 2011)

Holz, Robert J.P.	Was sind Ratings wert?, Versicherungswirtschaft 21/1998, S.1493 ff.
Horsch, Andreas	Rating und Regulierung: ökonomische Analyse der Prozesse, Strukturen und Regeln der Märkte für Ratings, Baden-Baden 2008
IOSCO	Code of Conduct Fundamentals for Credit Rating Agencies, online abrufbar unter http://www.iosco.org/library/pubdocs/pdf/IOSCOPD271.pdf (letzter Abruf: 23. Februar 2011) (zitiert: *IOSCO*, Code of Conduct Fundamentals for Credit Rating Agencies)
IOSCO	Statement of Principles Regarding the Activities of Credit Rating Agencies, online abrufbar unter http://www.iosco.org/library/pubdocs/pdf/IOSCOPD151.pdf (letzter Abruf: 23. Februar 2011) (zitiert: *IOSCO*, Statement of Principles Regarding the Activities of Credit Rating Agencies)
Keiner, Thomas	Rating für den Mittelstand: Wie Unternehmen ihre Bonität unter Beweis stellen und sich günstige Kredite sichern, Frankfurt am Main 2001

Koch, Moritz / *Zydra, Markus*	Warnschuss für Amerika, online abrufbar unter http://www.sueddeutsche.de/geld/2.220/rating agenturen-warnschuss-fuer-amerika-1.1046248 (letzter Abruf: 23. Februar 2011)
Krimphove, Dieter / *Kruse, Oliver*	Regulierung und Haftung von Ratingagenturen: Status quo und Perspektiven, Zeitschrift für das gesamte Kreditwesen 8/2005, S.413 ff.
Kurm-Engels, Marietta	Der langsame Niedergang der großen Ratingagenturen, Handelsblatt 219/2010, S.36
Möllers, Thomas M.J.	Auf dem Weg zu einer neuen europäischen Finanzmarktaufsichtsstrukur: Ein systematischer Vergleich der Rating-VO (EG) Nr. 1060/2009 mit der geplanten ESMA-VO, Neue Zeitschrift für Gesellschaftsrecht 8/2010, S.285 ff.
Moody's Investors Service	About the Company, online abrufbar unter http://www.moodys.com/Pages/atc.aspx (letzter Abruf: 23. Februar 2011) (zitiert: *Moody's*, About the Company)

Moody's Investors Service	Code of Professional Conduct, November 2008, online abrufbar unter http://www.moodys.com/researchdocument contentpage.aspx?docid=PBC_112825 (letzter Abruf: 23. Februar 2011) (zitiert: *Moody's*, Code of Professional Conduct)
Moody's Investors Service	Das revidierte Länder-Obergrenzen-Konzept von Moody's, Februar 2002, online abrufbar unter http://www.moodys.com/researchdocument contentpage.aspx?docid=PBC_74204 (letzter Abruf: 23. Februar 2011) (zitiert: *Moody's*, Das revidierte Länder-Obergrenzen- Konzept)
Moody's Investors Service	Moody's History: A Century of Market Leadership, online abrufbar unter http://www.moodys.com/Pages/atc001.aspx (letzter Abruf: 23. Februar 2011) (zitiert: *Moody's*, Moody's History)
Neupel, Joachim / Rudolph, Bernd / Hahnenstein, Lutz (Hrsg.)	Entwicklung eines Ratingsystems für mittelständische Unternehmen und dessen Einsatz in der Praxis, zfbf Sonderheft 52, 2005, S.1 ff. (zitiert: *Bearbeiter*, Entwicklung eines Ratingsystems für mittelständische Unternehmen und dessen Einsatz in der Praxis, in Neupel / Rudolph / Hahnenstein (Hrsg.))

Neupel, Joachim / *Rudolph, Bernd /* *Hahnenstein, Lutz* (Hrsg.)	Möglichkeiten und Grenzen der Bewertung von Ratingsystemen durch Markt und Staat, zfbf Sonderheft 52, 2005, S.31 ff. (zitiert: *Bearbeiter*, Möglichkeiten und Grenzen der Bewertung von Ratingsystemen durch Markt und Staat, in Neupel / Rudolph / Hahnenstein (Hrsg.))
Oellinger, Gerhard C.	Die Haftung von Ratings: Eine Betrachtung nach österreichischem und deutschem Recht, Wien 2005
Osman, Yasmin	Ratingriese umgarnt Aufseher, Handelsblatt 19/2011, S.34 f.
Osman, Yasmin / *Buchter, Heike*	Wut auf die Ratingagenturen, online abrufbar unter http://www.ftd.de/unternehmen/finanzdienstleister/:agenda-wut-auf-die-ratingagenturen/237445.html (letzter Abruf: 23. Februar 2011)
Palan, Dietmar	Wir haben uns verschätzt, Managermagazin 3/2008, S.52 ff.
Rosenbaum, Jens	Der politische Einfluss von Rating-Agenturen, Wiesbaden 2009
Rost, Birgit	Die Herausbildung transnationalen Wirtschaftsrechts auf dem Gebiet der internationalen Finanz- und Kapitalmärkte, Berlin 2007

Reichling, Peter / *Bietke, Daniela /* *Henne, Antje*	Praxishandbuch Risikomanagement und Rating: Ein Leitfaden, Wiesbaden 2007
Sanio, Jochen	Giftmüll im internationalen Finanzsystem – Abfuhr tut not, Zeitschrift für das gesamte Kreditwesen 1/2008, S.16 ff.
von Schweinitz, Oliver	Die Haftung von Ratingagenturen: Status Quo und Perspektiven, Wertpapiermitteilungen, Zeitschrift für Wirtschafts- und Bankenrecht 21/2008, S.953 ff.
Securities and Exchange Commission	Credit Rating Agency Reform Act of 2006, online abrufbar unter http://www.sec.gov/divisions/marketreg/ratingagency/cra-reform-act-2006.pdf (letzter Abruf: 23. Februar 2011) (zitiert: *SEC*, Credit Rating Agency Reform Act of 2006)
Securities and Exchange Commission	The Investor's Advocate, online abrufbar unter http://www.sec.gov/about/whatwedo.shtml (letzter Abruf: 23. Februar 2011) (zitiert: *SEC*, The Investor's Advocate)

Securities and Exchange Commission	The Laws That Govern the Securities Industry, online abrufbar unter http://www.sec.gov/about/laws.shtml (letzter Abruf: 23. Februar 2011) (zitiert: *SEC*, The Laws That Govern the Securities Industry)
Seidel, Uwe (Hrsg.)	Controlling-Beispielheft 5: „Rating": nach Basel II: Prinzipien, Erfahrungen, Empfehlungen, Offenburg 2003
Standard & Poor's Ratings Services	A History of Standard & Poor's, online abrufbar unter http://www.standardandpoors.com/about-sp/timeline/en/us/ (letzter Abruf: 23. Februar 2011) (zitiert: *S & P*, A History of Standard & Poor's)

Standard & Poor's Ratings Services	Ratings Services: Code of Conduct, online abrufbar unter http://www.standardandpoors.com/servlet/Blob Server?blobheadername3=MDT-Type&blobcol= urldata&blobtable=MungoBlobs&blobheader value2=inline%3B+filename%3D8.Rating+ Services+Code+of+Conduct+%28December +2008%29.pdf&blobheadername2=Content -Disposition&blobheadervalue1=application% 2Fpdf&blobkey=id&blobheadername1=content-type&blobwhere=1243613173512&blobheader value3=UTF-8 (letzter Abruf: 23. Februar 2011) (zitiert: *S & P*, Code of Conduct)
Stemper, Marthe-Marie	Rechtliche Rahmenbedingungen des Ratings, Baden-Baden 2010
Unbekannter Autor	EU-Aufsicht soll Agenturen ab 2011 überwachen, Handelsblatt 235/2010, S.36
Wagner, Wolf-Christof	Rating mittelständischer Unternehmungen: Fundierung und Konzeption einer standardisierten Unternehmensbeurteilung durch Rating, Frankfurt am Main 1991
Wiebe, Frank / Cünnen, Andrea	Die graue Macht der Punktrichter: Wie Ratingagenturen wirklich arbeiten, Handelsblatt 161/2008, S.8

Wieben, Hans-Jürgen   Credit Rating und Risikomanagement:

Vergleich und Weiterentwicklung der

Analysekonzepte, Wiesbaden 2004